AQUARIUS

AQUARIUS

AQUARIUS

AQUARIUS

Vision

一些人物，
一些視野，
一些觀點，
與一個全新的遠景！

Jacky Lai
當命運要我成為狼
【世界烘豆冠軍】賴昱權
陳芸英⊙撰文

【推薦序】

爐火純青，宜蘭之光

【宜蘭縣縣長】林聰賢

宜蘭子弟賴昱權，打敗來自歐洲、亞洲等十餘位的烘豆高手，獲得「二〇一四WCE世界盃烘豆大賽」冠軍。從學生時代打工到畢業後工作，昱權的冠軍路走了十三年，無畏辛苦，每天工作十二小時，打工三年，烘壞了數十鍋豆子。過程中體現了傳承自爺爺、父母的頂真、堅毅、硬氣的「宜蘭精神」，也因為有昱權這樣的宜蘭達人們，宜蘭縣才能走出一條不同於台灣西部的發展道路，在環境保護、地景改造、文化傳承、社區營造、大型活動等面向，都建立成功的宜蘭經驗。

尤其昱權從做中學，累積足夠的失敗經驗，掌握一身選豆、烘焙、沖煮咖啡的好本領，並獲得世界盃烘豆大賽冠軍，也證明台灣社會伴隨著民主化與自由化，展現更多元的價值，已進入真正「行行出狀元」的時代。其實，年輕人能夠知道未來能從事哪個行業，往哪個方向發展，是值得慶幸與鼓勵的。宜蘭縣政府更希望與青年建立夥伴關係，當宜蘭透過良好的行政治理及堅持世代的公平正義，朝向綠色生活、宜居城鄉的過程中，我們也期待青年的參與及協助。

以咖啡為志業的昱權，從學習到創業的實務經驗，符合宜蘭縣北生醫、南文創及「有機新宜蘭」的產業布局。昱權也相當謙虛，一再表達不會因為獲得世界盃烘豆大賽冠軍就停止努力，仍會繼續追求更高的境界。我們也期待昱權有機會回鄉，參與宜蘭未來的發展，共同為宜蘭、為台灣的未來一起努力。

【推薦序】

彌足珍貴的咖啡人生

【環球科技大學校長】許舒翔

環球科技大學傑出校友賴昱權先生，勇奪「2014WCE世界盃烘豆大賽」冠軍的捷報，廣受媒體熱烈報導，也激起閱聽人對他精采的「咖啡人生」興趣盎然。在各界期盼之下，賴先生將他與咖啡的因緣、個中的奇趣、堅持的理想、創業的理念等，撰寫成文並彙集成書，且邀請我為此書撰寫序文，使得喜歡品嘗咖啡又以環球學生成就為榮的我，備感欣喜而樂為之序。

雖然有眾多環球校友在各個領域頭角崢嶸，但是，賴昱權校友的成就發展軌跡非常特殊。他生長於北部的宜蘭，卻在退伍之後，毅然負笈雲林，到本校夜間部視覺傳達設計系就學，準備將自己培養成為一名設計師。孰料，就在當年二〇〇一年，那一次陪伴同學赴鄰近之「台灣咖啡的故鄉——古坑鄉華山」，應徵咖啡店的工讀生時，和咖啡邂逅且結下畢生不解之緣，這也是賴昱權浪漫咖啡人生的萌發點。

本書以輕快的筆觸，細說作者雖然是被動地深入接觸咖啡，卻能夠掌握機緣以進入其堂奧，進而深深愛上咖啡的奇趣，然後更堅定而努力地迎向他的咖啡旅情。作者也在書中一再感念於每一個階段幫助他成長茁壯的貴人，感恩之情溢於言表；並記述他傾囊教導後進的溫馨故事，且時刻提醒後進，「處理問題不是『解釋』，而是『解決』」的經營作為，尤其彌足珍貴。

這是一本用詞淺顯而內容厚實有趣的好書，既是記敘個人勵志奮發的書，也是增進咖啡知識的書，亦是青年創業經營的參考書。當然，對我而言，它更是一本描繪環球科技大學校友為學校增光的書籍，因此，謹代表全體環球師生樂為此序！

狼

當命運要我成為狼

PART 1 狼的啟蒙

目錄

當命運要我成為狼

PART 4 邁向世界冠軍之路

目錄

【特別收錄】

請問烘豆大師：關於咖啡的十個Q&A

養狗能幫你拉雪橇，但狼卻可以幫你找獵物。

我是狼。

——賴昱權

烘焙完成後，原本草綠色的咖啡豆變成了迷人的深琥珀色，濃郁香氣彌漫整個房間。

此刻的我，全身沾滿了咖啡煙燻味。

在這個窄小空間裡，同時有很多機器在轉動，而烘焙鍋爐的溫度將高達四百度……

趁機器正在冷卻中，我離開烘豆室，拎著一瓶啤酒，走到對面的渡船口。

獨自在僅三坪大的烘豆室裡待了大半夜，如今面對著一大片海洋，視野突然寬闊起來。

坐在繫船的浮筒上，享受清風拂面，微微搖晃的感覺，任由海風吹乾身上的汗珠，任由心情隨著海浪飄啊飄，不知不覺，我的心思飄入了過去的遙遠記憶，也飄向了如眼前大海般遼闊的未來……

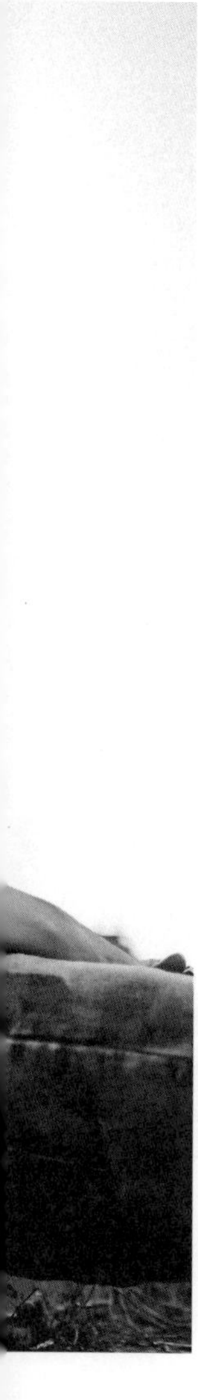

狼的啟蒙

PART 1

最後的祝福

爺爺，我得冠軍了！

當我拿到「二〇一四WCE世界盃烘豆大賽」冠軍時，最疼愛我的爺爺正臥病在床。對於我這個家裡的長孫，爺爺始終當成心頭肉。聽長輩說，在我小時候，他一有空就會偷偷跑去幼稚園，隔著欄杆看我。

曾經，在仍存有「萬般皆下品，唯有讀書高」觀念的家族裡，我是成績唯一例外、班上唯一落榜的那一個，但我認為學歷不重要，「學到什麼」才重要。

曾經，我告訴自己，我不願意當守門的狗，而是狂野的「狼」。後來，我嗅到了「咖啡」這個獵物散發的味道。

曾經，爺爺悠悠地對我爸媽說：「我們做父母的不要限制孩子的未來，只管支持就好。」

而今，帶著世界冠軍的榮耀，我急奔回宜蘭與最愛的爺爺分享。大家都說他意識不清，口齒含糊，講話嗯嗯啊啊地說不清楚，但爺爺一看到我，卻緩緩地對我說：「權……權……加油！」儘管話聲虛弱顫抖，但這幾個字卻清晰可聞。

我用力握住他的手回應，這是爺爺對我的最後祝福。

做自己有興趣的事

我是在宜蘭農村長大的。記得小學五年級結束的那個暑假，田裡很熱鬧，大人們忙著莊稼收成。我跑到爺爺跟前問：「我可以做什麼？」

他笑著說：「你要幫忙的話，將來可以開鐵牛車……」

我說：「好，等我長大就回到這塊田地幫爺爺。」

爺爺一聽，卻很緊張地說：「不是、不是喔！就只是幫忙，你還是要做自己有興趣的事。」

個性樸實的爺爺受過日本高等教育，然而，即使擁有難得的高學歷，曾祖父卻仍要他留在家裡務農，他一輩子就守住這塊地，每天不停地工作以養活一家人。年輕時的雄心壯志被生活重擔壓垮，夢想也埋葬在現實中。他心裡一直有缺憾，因此他很重視教育，也要求我爸媽注意孩子的每個學習環節。

身為家族的長孫，大家都叫我「大哥」，而我也喜歡當「老大」。小時候，有一回妹妹的腳踏車不見了，她第一個想到我，我也馬上騎車載她繞了好幾圈到處找車。

我相信家族裡的人們會想看這個「大哥」做得怎樣。

以前曾聽過一句話：「人可以不完美，但必須特別；如果你連特別都做不到，就會被遺忘。」我心裡也想追求不一樣的人生，為自己創造存在的價值。

我父母都是公務員，但我跟家人說，我將來要做生意、當商人，用自己的想法把做好的東西賣出去，努力為生活打拚，就像爺爺說的，我要做自己有興趣的事。

幸好他們都很支持我，雖然這一路走來跌跌撞撞，爸媽仍看好我的未來。

微小的道理，巨大的影響

爸媽曾對我說：「你要先做出成績，才能跟別人合作，如果自己不做出點樣子，人家想拉你一把都不知道手該放在哪裡！」

我一直記得這句提醒，所以創業期間，每當遇到困難我都懂得求助，在很多地方發出訊息，小至買一台咖啡機，大至找合作對象，例如經紀公司或行銷團隊。比起一些擺姿態等資源的人，我顯得態度積極。

我一路參賽，披荊斬棘，過關斬將，最後打進世界盃。現在人家介紹我時，總會冠上「世界盃烘豆大賽冠軍」的頭銜，這頭銜跟當初我是班上唯一的「落榜生」一樣特別。

命運像是安排好的，家裡的長輩在我成長的重要階段，注入不同的人生智慧和經驗，像船長指揮船隻航行般，引導我朝正確的方向前進。有些道理在當時看似微不足道，日後卻對我產生巨大的影響。我從沒探詢他們給予這些寶貴教誨的理由，但我由衷感激。

狼的哲學

★學歷不重要，「學到什麼」才重要。

★有句話說：「人可以不完美，但必須特別；如果你連特別都做不到，就會被遺忘。」我心裡也想追求不一樣的人生，為自己創造存在的價值。

★爸媽給我的叮嚀：「你要先做出成績，才能跟別人合作，如果自己不做出點樣子，人家想拉你一把都不知道手該放在哪裡！」

天生敏銳

從小就是美食家

從小，我就對味覺非常敏感，我的嗅覺也很敏銳。有一次全家人一起吃飯，我嚐了一口菜便皺眉說：「這食物壞掉了。」家人原本都不信，後來也吃了一口，才發現我所言不假。

我媽在羅東農會上班，平日工作忙碌，即便如此，她還是每天親自料理三餐。她做菜的特色是把食物的原味完整呈現出來，不使用添加物，這也反映在後來我開咖啡館的餐點上。

她很善於利用時間，總在假日先把食材提早備妥，除了炸的較少外，煎、煮、滷、醃……都有，而且經常變化新菜色，讓我常吃到口感豐富的佳餚。

宜蘭是個未受太多外來飲食文化衝擊的地方，幾乎家家戶戶都有一本「祖傳祕方」。偶爾吃到新菜色時，我都能明確地說出菜餚裡有哪些食材，而且八九不離十。或者媽媽會問我對於某樣食物的意見，這時我就扮演起美食評論家，大膽表達想法，評論風味、口感，而且說明為什麼好吃、為什麼不好吃，甚至建議她該加些什麼調味料比較好。我的母親對於飲食相當講究，我更是有過之而無不及。

媽，我不想蒸便當

我對味覺和嗅覺的敏銳，也表現在「帶便當」這件事上。那時，上小學的我剛開始帶便當，吃晚餐的同時，媽媽也把晚飯

菜順便裝入便當盒，當我隔天的午餐。那個年代，全班的便當都放在同一個蒸籠裡，瓦斯加熱，混合了所有飯菜，五味雜陳，我的食慾頓時少一半。所以我只吃一個禮拜就不吃了，因為我覺得蒸過的便當不好吃，有一股濃濃的「蒸飯箱味道」。

由於我的鼻子和舌頭都非常挑剔，加上媽媽樂於下廚，因此從我小二開始，她每天早上五點多便起來幫我準備新鮮的飯菜，直到我高三畢業。

我帶的是日式「膳魔師」，一種不鏽鋼真空的保溫壺，裡面有四層，分別是一層飯、兩層菜和一層湯，每一層都有個扭轉鎖，湯和菜都不會溢出來，十分安全。更完美的是可以保溫六到八小時，直到吃午餐時，飯和菜還是熱的、湯是燙的，班上沒有人像我這麼幸福。

媽媽以她的好手藝照顧我們全家人的胃。夜幕降臨，老房子亮起了燈，伴隨廚房飄出的飯香，我們一家享受著豐盛美味的晚餐——那是我童年最值得回味的時光。

做工初體驗

我家族的孩子功課都非常好，只有我例外。家裡的人都認為，要做一番大事業，功課要好。

其實我國中畢業時，原本可以念一所很棒的職業學校，但長輩不允許。經過國四班的洗禮，我好不容易考上了宜蘭高中（大家笑稱是「東北一中」）。那是第一志願，人才濟濟，然而大學聯考放榜，除了我，班上每一個同學都考上了大學。

媽問我要不要上補習班，我反問：「為什麼一定要念大學？做工一樣可以賺錢，不是嗎？」

她問：「你想做工嗎？」

我回說：「對，王永慶也沒什麼學歷，一樣當上了企業家。」

她愣住了，隨後反駁：「可是全台灣只有一個王永慶耶！」

由於我嘴硬說要做工，爸媽最後拗不過我，如我所願地把我託給一位做水電的父執輩。他承租很多粗工，其中包括一所學校的改建工程，我就過去打工，一天的工資是五百塊。

我做的都是細碎的雜事，例如我不懂接線，他們就教我：「黑的接黑的，紅的接紅的。」還有幫師傅買便當等瑣事。一整天下來，我才終於知道所謂的「做工」就是付出體力而已，較少能發揮創意、能力與想像的空間，甚至休息時間都是在髒亂不堪的環境隨處打地鋪。我終於明白了，做工並不是我有興趣的事。

第一天回家後，我大叫：「上班好累喔！」

媽媽說：「你不能喊累喔！當初這是你自己要做的，更何況答應了人家，一定得做到工程結束為止。沒辦法啊，老闆標下這工程時，已經計畫好請多少工人才能完工，你要有責任感喔！」

沒錯，這的確是我當初承諾的事。所以儘管辛苦，我還是咬牙做完。這個打工經驗對我的影響非常大，我親身體會到做事不能半途而廢，不能遇到困難就收手。相對於之前說的大話，做工讓我有所警惕，我很感謝那位父執輩給我這樣的機會。

把「謝謝」掛在嘴上

我們家的大家長曾祖父活到一百零一歲，他在世時，曾和林洋港一起參與並見證北迴鐵路的開通。每次飯前，他都要說一句：「感謝天地賜福！」語氣非常誠懇，講完之後，全家才開動。他用感激的心謝天謝地，謝謝盤中飧，謝謝所有犧牲奉獻的人，甚至謝謝每一天。

曾祖父過世後，由爺爺繼續說下去：「感謝天地賜福！」這句話在我家像基督徒飯前的禱告辭般，說得這麼虔誠，這麼感性，這麼理所當然。

我當時年紀好小，但兩代人都講，潛移默化中便讓我習慣把「謝謝」掛在嘴上，只要幫助過我的人，我都很感激，隨時都想回饋。

狼的哲學

★對於我承諾的事，不管再辛苦，我還是會咬牙做完，因為我曾親身體會過，做事不能半途而廢，不能遇到困難就收手。

★我習慣把「謝謝」掛在嘴上，只要幫助過我的人，我都很感激，隨時都想回饋。

忠於自己的位置

口吃的小孩

聽爸媽說，在我四歲時，他們發現我講話結結巴巴的，有點語言障礙，為此特地去請教一些專家，結果專家們認為我的智力和表達兩者有落差，建議我「慢慢講」，也教爸媽對我要慢慢講話。

然而，我的口吃並沒有改善，於是爸媽進一步帶我去醫院做檢查。醫生說，我是頭腦轉得快，但身體架構無法配合的人，以電腦來比喻，就是「ＣＰＵ很好，但設備跟不上速度」。

因為口吃，我從一個很愛講話的孩子，逐漸變成不敢跟同學講話，後來就安靜下來。但跟同學們在一起，我仍想辦法凸顯自己的優勢，我喜歡寫作，至少「寫」不需要「講」，沒有口吃的困擾。

高中時，我參加了校刊社，表現還不錯，這才發現原來自己手中這枝「筆」可以派得上用場，於是常投稿到一份校外刊物《蘭陽青年》。有一天上學時，我在公車上，聽到同車的蘭陽女中學生正在討論《蘭陽青年》。

「我最近讀到一篇文章覺得很好看耶！」

「對啊，我也有看到，寫得很有趣……」

她們聊得很投入，渾然不知那篇「好看」文章的作者就在身旁！聽她們談論自己的文章，我忍不住想笑，一股成就感油然而生。

當時的我，曾一度想著將來以寫作為生，然而某次參加了一場講座，卻讓我打消念頭。那場講座在彰師大舉行，主講人是苦苓，聽眾是各校作文比賽的佼佼者，我也是學校的代表之一。苦苓說了一句話令我印象很深刻：「台灣沒有一個作家可以靠寫作養活自己……記者就另當別論了。」就是這句話，讓我當場便決定告別文壇。

要求細節

後來，當深受口吃困擾的我得知，原來著名的英國首相邱吉爾也有口吃，是靠著每天讀報章雜誌而成了很出色的演說家，我便也試著去讀報紙。

「我有可能變成邱吉爾嗎？」

對於這個不知該說是「妄想」還是「理想」的夢，我自己都忍不住笑了起來。沒想到如今，我真的有很多演講的機會。

每一回在進入演講主題之前，我都會先跟台下聽眾說：「我有口吃，希望大家多包涵。」

曾有聽眾反映，他們坐在台下主要是聽專業內容，不會在意口吃的問題，但我覺得自己有不足之處，還是該講在前頭，這是對聽眾的一種尊重，也是一種相互的諒解。這種對細節的自我要求，是來自「家學淵源」。

盡好自己的本分

我媽在羅東農會第一個任職的單位是食品工廠，這個部門重視口感、品質和衛生，而這也是她做菜的重點。

她還擔任過家政指導員，輔導農村改善膳食，同時開烹飪班，並接受外部訓練，發表成果展。農會增開了一間生鮮超市，生鮮蔬果的採買都由她負責。此外，宜蘭冬山河舉辦龍舟競賽所需的雞尾酒式外燴（包括滷味、甜點），也是由她的團隊承接，口碑非常好。

能幹的她也曾被派到銀行信用部擔任主任，負責放款業務，最後是以食品加工廠的廠長職位退休。

雖然職務被調動過很多次，但提到工作態度時，她說：「我就是忠於那個位置，做好本分，沒有貳心。」

小事情也下足苦心

我爸很重視細節。記得有一年，家裡進行過年大掃除，他要我和妹妹洗窗戶，我拿起水管沖一沖，再用抹布擦一擦，便交差了事地說：「我洗好了。」

但爸爸面有慍色地問：「這是不是你們的家？」

我說：「是啊！」

他又問：「那你為什麼不用心在家事上？」

他把我擦好的窗戶重新洗一次，邊洗邊叮嚀我：「事情要做就做好，不能隨便馬虎！」

接著，爸爸更正色對我直言：「人家交代的事情不是光表面做好就好，你可以當它是個機會，你交出來的成品做到多細、多好、多完整、多漂亮……別人都在打分數。當你出去外面，人家要挑做事一百分的，不會要九十九的；如果你只做到八十分，人家連看都不看你！」

從此，我連做家事都提高規格把它做到最好。很多到過我家的朋友都忍不住讚歎：「你家有一股『清香潔淨』的味道，像剛打掃完。」

老爸重視打掃清潔的個性應該是遺傳自爺爺。爺爺更嚴格了，他的標準是：「拖地板就要拖到人可以在上面睡覺。」

家裡雖然有拖把，但很少拿出來用，因為藏污納垢的牆角拖不到，所以我們都是蹲下來用抹布擦，每隔一段時間，還用稀釋的漂白水抹一遍，避免生菌。

爺爺曾告誡我：「小事情下足苦心，才能穩固撐起大事業。」這個價值觀，一直深植我心。出社會後，我謹記爺爺的叮嚀，開的咖啡館的打掃規格也是如此，就像一般人不習慣蹲下來擦地板，但我以身作則，其他人便跟進，讓「蹲下來」不再是難事，更成為一件最重要的「小事」。

狼的哲學

★媽媽的工作態度對我影響很大：忠於自己的位置，做好本分，沒有貳心。

★人家交代的事情，可以當它是個機會，事情要做就做好，不能隨便馬虎。

咖啡館初體驗

一切從打工開始

時間拉回到退伍後。

還在當兵時，我便已考上雲林環球科技大學夜間部的視覺傳達設計系，退伍後開始念書，許多夜間部的同學在白天都會另找工作。

一天，我陪同學到咖啡館找端盤子的工作，沒想到老闆娘一見到我便問：「你是他同學喔？現在有工作嗎？」

我說還沒找到工作，老闆娘打量我一番，然後說：「你們兩個明天就一起來上班吧！」

原本我心想：服務生喔？才不要咧！當時我對「服務生」的感覺比較像被呼來喚去的傭人，不過，在她的盛情邀約下，最後我還是加入了。

從外場到吧檯

老闆娘在家排行老三，是個熱力四射、很阿沙力的人，大家都叫她「三姊」。三姊開的是一家義式餐廳，我的工作時段從早上十點到下午兩點，在兩點之後幾乎是午休狀態。

趁著休息時間，我常到吧檯看前輩煮咖啡。這位前輩叫戴圳明，才大我三歲，但他已具有自己獨特的手作風格，例如做果雕就很厲害。當時他已決定離職了，我便自告奮勇地跟三姊說：

「你不用請人，由我來學吧檯的事好嗎？這段時間我不領薪水。」

她想一想，高興地回說：「當然好啊！」

在交接期之中，戴大哥把他所瞭解的咖啡知識對我傾囊相授。我們都不太清楚咖啡的理論基礎，以前做汽車修護的他，知道的一切也是前輩教的，完全是經驗傳承，不像現在有系統性的教學。由於我們都是退伍後才接觸咖啡，屬於同類型的人，後來便成了好朋友，一放假，兩人便悠閒地開車四處找咖啡館，享受各種不同的咖啡風味。

把咖啡當朋友

我對飲食有自己固執的想法。在吧檯的工作上手，完成無縫接軌後，便大膽地幫店裡換菜單，三姊也很樂意跟我一起討論主菜和飲料的品項。

那時，端盤的時薪約六十到七十元，吧檯手將近有一百。「原來有一技之長可以領得比別人多。」這是我初入社會得到的小小認知。

大學時期常創作熬夜，壓力大時，唯一幫助我放鬆的方式就是煮咖啡喝。我喜歡聞咖啡的味道，漸漸地，愈來愈發現咖啡是個不錯的朋友。

咖啡屬於國外產業，若要更進一步研究，難免需要接觸到英文的文獻和報告。於是，我買了一本《喝咖啡學英文》的書，刻意背誦跟咖啡有關的單字，例如，「酸」在英語裡有兩個字「sour」和「acidity」來形容，但這兩個字指的是完全不同的酸度。

我花了很多時間鑽研咖啡知識，連英文也進步不少，可以跟客人深入對談，然而，心裡總覺得有些地方學得還不夠。

走向華山，喚醒咖啡魂

某天，一位前輩告訴我，有一家新開的咖啡館正在找員工，問我是否有意願跳槽，我有點心動，便跟著他去見老闆。這位老闆，便是喚醒我「咖啡魂」的啟蒙老師——邱世宗大哥。

咖啡館位於古坑的華山。華山被喻為「咖啡的故鄉」，在九二一大地震之後，開發為觀光區，是台灣咖啡館密度最高的地方。

我想，機會來了，於是決定到邱大哥的店裡工作。

狼的哲學

★「原來有一技之長可以領得比別人多。」這是我初入社會得到的小小認知。

★我花了很多時間鑽研咖啡知識，連英文也進步不少，可以跟客人深入對談，然而，心裡總覺得有些地方學得還不夠。

我的咖啡魂在華山覺醒

二十二歲當店長

邱大哥老本行做不鏽鋼生意，曾自行開發桌上型烘焙機（只能烘四百克的豆子），日本人跟他訂了一百台，他另外留了幾台在工廠裡，煮咖啡給客人喝，煮著煮著，由於夫妻倆都愛喝咖啡，便索性開了一家店。但兩人對經營都是新手，才想找人幫忙。

那是一家庭園餐廳，有八十幾個座位。開店之初，一群女生在吧檯手忙腳亂，負責外場的我便跑過去幫忙。有時客人的飲料上得太慢，聽見邱大哥喃喃自語：「怎麼辦？」我就說：「我來做！」馬上把工作接下來。

邱大哥很驚訝地問：「你都會喔？」

我才告訴他：「是啊！我以前是吧檯手。」

他覺得我很勤快、肯做事、有經驗、不計較，又願意付出，沒多久就升我當店長，把整間咖啡廳全交給我管理。

邱大哥很信賴人，從不因為我只是一個大學生，社會歷練不夠，就看輕我。只要我提出建議，他覺得不錯的都會讓我嘗試。

那是二〇〇二年，我二十二歲，第一次經營一家咖啡館。

每天五十公里，從這座山拚上那座山

當上店長後，邱大哥思考該怎麼給我薪水。他提出了幾個方案，例如給較低的薪資、較高的抽紅，或者給較高的薪資、較低的抽紅，我忘記比例是多少，不過我不太願意領死薪水。就在我猶豫的當下，邱大哥幫我做了決定：「就用營業額的八趴給你當薪水好了。」

他認為既然他這個老闆不常在現場，能衝多少全憑我的本事了，我可以視為一項挑戰，把自己當業務員去拚業績。

我每天衝勁十足。華山在我學校的另一邊，每天早上，我從住處騎車上山工作，下班後再騎去另一座山上課，兩邊距離五十多公里，往返得花上一個半小時。雖然很累，但跟客人分享咖啡所得到的立即回饋，卻讓我很有成就感。

華山有六十幾家咖啡館，周邊綠意盎然，來這裡喝咖啡的都是觀光客。每到假日，一輛一輛遊覽車洶湧而至，每一家生意都爆滿，連除夕都不例外。

時值農曆過年，我在門口規劃了一個攤位，賣些小餅乾，並且找了幾位沒回家的同學到店裡打工，他們打工的薪水由老闆付，但營業額我可以抽。結果，光農曆春節那個月我就領了六萬多塊，遠遠超過其他同事的一萬多元，這讓我覺得非常訝異：「哇，原來生意好的時候，真的可以賺到錢耶！」

邱大哥偶爾也會上山來幫忙。有一天客人很多，他忙上忙下的，直到下午五點才吃午餐，然而，吃的竟是白飯配咖啡凍！我簡直不敢相信，嘴上笑他沒品味，但心裡深深佩服著這位老闆的責任感。

身為店長，在店裡我什麼都做，幾乎每天都是最後一個走。有一次，到了下班時間，邱大嫂剛好有事過來，看到我正在拖地板，一臉驚愕，卻也很感動地說：「難怪世宗都在別人面前說：『我這家店不交給你，要交給誰？』」

我不在咖啡館，就在往咖啡園的路上

直到畢業之後，我還繼續留在華山工作了一年。

我搬到咖啡館附近，租了一間房子，那是一棟矗立在山腳下的舊山莊，老闆本來要出租當民宿，但我想住長期，他就把其中一間留給了我。一到深夜，整排房子只有我這間亮著燈。

房間有十幾坪大，夏夜沁涼，永遠不用開冷氣。環境安靜悠閒，騎摩托車到距離最近的便利商店也要三十分鐘，非假日期間空蕩蕩的，連一個人影都很難得看到。這一年間，就只有從小伴我長大的拉不拉多犬「錢錢」繼續陪著我，一人一狗，沒人打擾，恣意享受山林的清幽。

華山誘惑不多，我向老闆買咖啡生豆，就拿來烘，烘好之後直接煮給左鄰右舍喝，交一些朋友。

這段時間，我也曾跟咖啡農一起生活。咖啡就種在檳榔樹下，整座咖啡園一望無際，只要樹上的咖啡果實變得鮮紅欲滴，農人就會採下來，經過泡水、去皮、脫皮、加工等一連串程序，最後烘焙成一粒粒的咖啡豆。這是一段非常難得的經驗，我也從中深深體會到了種咖啡有多辛苦。

時序入秋，也是橘子採收期，有些果農就將「咖啡」和「橘子」一起做促銷，創造出一句流行語：「咖啡紅了，橘子綠了」，聯合這兩項產品辦活動。

華山的特色是「週休五日」，平日和假日的生意落差極大。儘管這一年的生活真的很悠哉舒適，但媽媽提醒我，這裡不是久待之地，為了自己的前途，應另闢蹊徑。我也正思考著是否該另求發展，更精進並累積實力，畢竟在這裡，我有想學習的心，卻沒有學習的環境。

我告訴自己，是時候了。

狼的哲學

★二十二歲當上店長，負責經營管理一家咖啡廳的祕訣：勤快、肯做事、不計較，又願意付出。

★老闆不常在店裡，所以能衡多少業績全憑我這個店長的本事，我將它視為一項挑戰，把自己當業務員去拚業績。

勇敢走出舒適圈

一天練掉十二罐牛奶

我坦白地把要離開的想法告訴邱大哥，雖然他有點訝異，仍然對我說：「好啊！你有自己的規劃當然很好。」

我提早三個月便提離職了。這一點，跟一般公司所要求的「提前一個月」差很多，對於培育我成長、令我割捨不下的這個地方，我希望竭盡最大的誠意做好交接工作，讓老闆有時間找替代人選，絕不讓店裡出現任何危機。

巧合的是，邱大哥竟然把戴圳明大哥找來接我的位置。因緣際會下，我和老朋友又重逢了。

戴大哥在離開三姊的店之後多了一些歷練，咖啡技術不可同日而語，尤其是「拉花」。記得那年是二〇〇七年，十月份有個「ＴＢＣ台灣咖啡大師競賽」（Taiwan Barista Championship），我和戴大哥決定一起報名。那是以義式咖啡機進行的比賽，參賽者必須將咖啡豆萃取後，加入牛奶，調做出卡布奇諾。

邱大哥很鼓勵我們兩人參賽。他說，要練習的話，咖啡豆由他出，我們要用多少就用多少。那一整個月，我每天除了服務客人之外，其他時間都在埋頭練習，不但獨自練到深夜，甚至曾在一天之內用完十二罐牛奶。

烘豆機的許諾

戴大哥和我雖然是參賽對手，但是交情好過了競爭，我們常互相打氣，也督促著彼此。一起練習的過程中，我發現他容易緊張，平日在店裡也不太跟客人講話，但他不是高傲，而是害怕，因為他不知道要跟客人聊什麼。

有一天，我突然想到過去曾有熟客問我：「Jacky，你可以拉花給我看嗎？」大部分的客人都非常喜歡table service這項「到桌服務」。但是對於想看拉花的客人而言，讓他們進吧檯並不方便，於是我興起了一個念頭：何不到客人面前表演拉花呢？

為了幫戴大哥克服緊張，我建議他在人少時主動出擊，就當作是練習。「當你拉花給客人看時，還可以順便講解，久而久之就習慣面對人群，也能增加自己的膽量。」

邱大哥非常贊成我的提議，認為這是不錯的商機，因為當時華山還沒有咖啡館做「到桌服務」，而其他咖啡館更沒有像戴大哥這樣的拉花高手。

但是，戴大哥猶豫地問：「一定要這麼做嗎？」

我說：「我都敢了，你拉花的技術比我好，怎麼不敢？」

有一天，幾位漂亮的女客人入店，點好咖啡後，我推戴大哥一把，「你去。」

他只好硬著頭皮走過去，客氣地問：「請問這杯Cappuccino是哪位點的？我可以為您表演拉花嗎？」

「哇！真的可以嗎？」幾位客人又驚又喜。

戴大哥的手雖然一直抖，但終於鼓足了勇氣面對客人，那一桌的幾位小姐第一次親眼觀賞拉花過程，驚歎連連。由於反應出奇地好，激出了戴大哥的自信，他再提升自己的「手上功夫」，創造出不一樣的拉花圖案，一連做出十幾種呢！

當年臉書還不流行，但有很多部落格，受到他服務的客人們紛紛把感想寫上網誌，並利用YouTube上傳影片，陸陸續續地，吸引了許多人專程到店裡看他拉花。

這一段「到桌服務」的歷練，對戴大哥的咖啡生涯來說是個轉捩點，讓他彷彿往上跳了一級。後來，勞委會職訓局請他當咖啡講師，面對比賽他也展現自信，陸續拿下了四個全國咖啡賽冠軍，被媒體封為「咖啡王子」。他在斗六開設的「紅果精品咖啡」，也是我展店時的榜樣。

另一方面，邱大哥對我的看法也往上跳了一層。想到我是已經要離開的人了，還對這家店有所貢獻，他覺得非常感激。同時，他也認為我腦筋動得快，適合做生意。他這麼鼓勵我說：「我相信你以後一定會當老闆。你要多鑽研咖啡知識，時候到了，就是你的天下！如果你開咖啡館，我一定親自送一台烘豆機給你。」

一生最大的幸運

二〇〇七年十月的「ＴＢＣ台灣咖啡大師競賽」，約有四、五十個人報名，初賽的前十二名才能進入決賽。我和戴大哥約定好了，輸的人要叫贏的那個人「師父」。最後結果揭曉，我得了第十三名，戴大哥一看成績鬆了一口氣，說：「還好還好，不然我要叫你師父了。」

這次比賽，讓我看清了自己的不足。我知道，真的該是離開的時候了。

在華山待了四年，與同事、鄰居們都培養了濃厚的感情。我離開前，大夥說好每個人出一道菜，為我餞行。他們像要開party般，討論誰準備雞肉、誰準備烤肉、小菜和啤酒要多少……場面熱鬧無比。我準備了一張小桌子，但是大家帶來的菜色根本擺不下，就連附近民宿的朋友、賣牛肉麵的阿姨都帶了食物過來。他們說，想留我，不甘心我這樣走……

我爸媽也在現場，他們特地從宜蘭開車來幫忙載行李，看到這盛大的場面，覺得很感動。媽媽更是欣慰地說：「看你受到大家的信賴，做人應該還可以。將來你要做什麼，我都會支持你！」

離開華山後，邱大哥與我仍維持著亦師亦友的關係。

他是個很特別的人，他曾說過，一生最想開兩種店：一是書店，另一個是鐵工廠。

這麼多年來，我始終這麼認為，不管邱大哥開什麼店，他就是我在咖啡領域的啟蒙老師，生命中最重要的貴人。最初到咖啡館打工僅僅是為了賺錢，沒想到卻一頭栽入其中，成為我將來的事業。如果沒有遇到邱大哥，我不可能走上咖啡之路。

華山是台灣咖啡的故鄉。身為一個咖啡人，從這裡當起點，邁開腳步走出去，是我這一生最大的幸運！

狼的哲學

★我提早三個月便提離職，因為我希望竭盡最大的誠意做好交接工作，讓老闆有時間找替代人選，絕不讓店裡出現任何危機。

★如何克服面對人群的緊張？我的建議是：在人少時主動出擊，就當作是練習。

精品咖啡的吧檯手

媽，請借我四百萬

回到宜蘭之後，我開始找咖啡館的工作。

很巧，我媽剛好退休，我靈機一動問她：「你不是有退休金嗎?可以拿出來借我嗎？」

這突如其來之舉讓她很驚訝。她問需要多少，我說：「四百多萬。」

她提高了聲調：「四百多萬？」

「對。開一家小型的咖啡館就好，四百萬可以讓我準備一些設備。」我分析給她聽，「咖啡館一個月可以賺幾萬塊，幾年之後就可以把退休金還給你了。」

聽我如此輕鬆淡然地回應，以前曾在銀行工作的她問：「你知道開一家咖啡館要多少資金嗎？」

我不知道。

「你知道光請一個吧檯手就要多少錢嗎？」

我不知道。

她說：「你找家咖啡館，假裝去面試看看就知道啦！」

一旁的老爸顯得頗不以為然，兒子本來要找工作的，怎麼轉向說要開店了？

他問：「你有準備嗎？你做過謹慎的評估嗎？你有研判多久可以回收嗎？」

這些問題，我全都回答不出來。

爸爸繼續說：「你至少要寫個計畫書，我們可以幫你看看有哪些不足。」

從這些疑問我聽得出，他們不認同。

假面試，真錄用

後來，我找到一家烘焙商面試，老闆George是一家精品咖啡連鎖店的負責人，店裡擺著一台好大的咖啡烘焙機，非常顯目。面談時，我說明了自己的經歷，也丟出一些問題。我提的問題他都能解答，這讓我心裡有分驚喜：「原來宜蘭有這樣的咖啡人！」

George在台北有個點需要人，他說：「你過去做吧檯手吧！」原本我只是佯裝去應徵的，這下子卻意外地被他吸引過去了。

一回到家，我跟媽說：「我要去台北工作喔！」

本以為她的反應會是：「不好吧，你才剛回來一個禮拜，又要離開？」沒想到她立刻回應：「真的啊？好好好，你去你去。」也許是因為如此一來，可以讓她省下四百多萬吧！

於是，一切又回到了原點。

台北的工作地點在信義路寶徠花園廣場，是與房屋仲介公司進行的一個合作案。這裡的房價一坪破百萬，我們除了賣咖啡給當地住戶，有時還會接待一些貴客，總之，就是服務一群有錢人。

由於在台北做出了還不錯的口碑，George請我幫忙去台中展店。

就這樣，跟著George不斷擴充咖啡版圖，我南征北討，繞了台中、台南一圈，最後又回到了台北。

當時我還不知道，我人生中另一段精采的咖啡旅程即將展開。

狼的哲學

★在自己開店之前，先去同性質的店裡參加面試，會是不錯的參考方式。

隱身角落的高人

喝到了咖啡大師的豆子

在George的店裡工作了四年多，某天，好友玉真邀我去她的店裡試豆子。同業之間像這樣互相邀請試喝咖啡，原本是稀鬆平常的事，但那天，在金華街的「La Belle Coffee」喝了那杯來自非洲肯亞的咖啡，竟讓我渾身起雞皮疙瘩。

「哇哇哇……」

我整顆心完全被俘虜了！

那豆子，有鮮明的地域風味，有清晰明亮的酸甜感，我從沒嚐過這麼「奔放」的味道！

我忍不住問：「這是誰家的？怎麼可以把豆子烘得這麼精采？」

「你猜猜看？」

我猜是我老闆George的。

好友玉真說：「的確是George的，只不過，是George Howell的。」

「美國那位咖啡大師George Howell？」

「對。」

我一聽幾乎尖叫，「哇！這太驚人了！」

George Howell來頭不小，他發明了一款與星巴克的「星冰樂」相似的冰飲，在波士頓地區的二十四小時連鎖店「The Coffee Connection」推出，由於口感清爽，一上市便飆出了人氣。原本他計劃在一九九七年以前再開六十家店面，並將版圖跨出波士頓，但是星巴克為了避免咖啡大戰造成兩敗俱傷，於是採「併購取代競爭」的策略，向George Howell收購全部的咖啡產業鏈及飲品（不過，現在星巴克的「星冰樂」與原來的配方完全不同），同時聘他為星巴克顧問。

此後，George Howell改做生豆貿易，他去產地找好豆子，同時在波士頓開了間烘豆工廠。

他的咖啡引領著世界潮流，業界甚至封他為咖啡世界最豐富、最熱情的代言人，精品咖啡的教父當之無愧。

我一定要見到咖啡大師

George Howell的形象在我腦海中跳躍，在那當下，我似乎感到生命中有某部分緩緩律動著。我覺得做咖啡不只是經營展店，而是問自己的本職學能有沒有做好。

過了一陣子，我遞出了辭呈，有個念頭義無反顧地在我心裡升起——我要去美國，去找George Howell！我想向George Howell請益，請「La Belle」務必想辦法幫忙聯繫。

「什麼？你要去見George Howell？人家是大師耶！很難見到的！而且他的工廠從來沒讓人參觀的。」

「沒關係，我只想去朝聖，看看這讓人感動的豆子的背景環境。」

也顧不得「La Belle」那邊到底聯繫得如何，我先一個人直衝向前，等辦好了美國簽證之後，才回頭問朋友：「你聯絡好了嗎？」

朋友嚇了一大跳，問我：「你真的要去喔？」

我當場亮出機票，「我連機票都買好了！」

後來「La Belle」終於想到了一個辦法。由於他們店長期以來都向George Howell買豆子，所以他們告訴對方，我是他們的員工，希望如此一來，我比較有可能進去大師的工廠參觀。

不請自來的訪客

這是我第一次到美國，同行的還有在紐約讀研究所的表弟。

抵達波士頓之後，我打電話到工廠去，接聽的是一名員工。我在電話中先與他寒暄一番，並表明自己的來歷。他問：「你要看什麼？」

我直接告訴他：「我想看看你們是怎麼烘豆的。」

「烘豆？這是一家公司的商業機密，怎麼可能給你看呢？你就不用過來了。」

聽他這麼一講，我可急了。「可是我從很遠的地方來，讓我看一眼就好，可以嗎？」

「工廠今天在整理，不方便。」

「不然我去買個豆子，讓我看看外面就好……」我在電話中跟他討價還價。

「可是，這裡也沒有太多的豆子可以給你。」

我不放棄。「有多少算多少，好嗎？」

他終於被打動了。「好吧，你過來一下。」

我原以為George Howell的工廠位於繁華的市中心，結果並不是。

駕著租來的車馳騁在高速公路上，我的心情雀躍不已。我們駛過荒郊僻野，沿途盡是隆冬景致，皚皚白雪與半融春泥覆蓋大地，天際厚重的雲層壓得極低，兩旁的禿樹枯木綿延不盡……一位赫赫有名的咖啡烘豆師，卻把自己隱藏於郊區角落，他想告訴我們什麼？

狼的哲學

★做咖啡不只是經營展店，而是問自己的本職學能有沒有做好。

★一位全世界赫赫有名的咖啡烘豆大師，卻把自己隱藏於郊區角落，不禁讓我深思：他想告訴我們什麼？

遇見咖啡大師George Howell

大師級的親切

開了兩個多小時的車，我們終於在下午一點多抵達目的地。這一帶是聯合工廠，好幾家公司規劃在一起，形成一個工業區。

我們在門口等了好一會兒，才有人出來應門——哇！竟然是George Howell大師本人！天啊！這……這……太不可思議了！我用愛慕的眼神望著他，而他的第一句話居然是：「抱歉，我們在裡面幫員工慶生，沒聽到敲門聲。」

「請進！」他為我開門，那是一扇輕巧潔亮的鋁門，也開啟了我對咖啡世界的想像。George Howell長得高高壯壯，他本來就是我心中的巨人，看到本人更是了。

「我們認識嗎？」

「您不認識我，但我從書本上知道您。您是把精品咖啡帶上高峰的關鍵人物，書上稱您為『精品咖啡之父』。」

他靦腆地笑著問：「飛了大半個地球過來，你有什麼目的？你開咖啡館嗎？」

「還沒開店，我只是咖啡愛好者。能不能請問您幾個有關咖啡的問題？」

話一說出口，我覺得有點冒昧，聽見自己的聲音在顫抖，但我這輩子可能再也遇不到這麼一位德高望重的咖啡大師，下定決心一定要好好把握機會，向他討教一番。

George Howell帶我們到了實驗室，我們就像劉姥姥進大觀園一樣，東張西望。

「哇，這些設備怎麼這麼好！」

「先喝杯咖啡吧！」我輕輕啜飲一口，他的咖啡屬於淺焙，味道很棒。

他最近新買了一台挑豆機。他就站在機器前面，把生豆放進去，豆子一顆一顆地掉下來，發出「鬥鬥鬥……」的聲音。這台機器偵測得出每一顆豆子的優劣，如果變異或壞掉，「咻——」的一聲，馬上會被吹走。

George Howell說：「等一下我們來看看，這台機器挑出的豆子所磨成的咖啡會不會比較好喝。」

對我來說，這裡雖然被重重機器包圍，卻是充滿了無比魅力的天堂。

George Howell一邊說話，一邊隨手從桌上拿起了一個只有巴掌大小，外型像是鐵釘的物品，問我知不知道這是什麼？他還給了一個提示：下面有一個洞。

我還在思考時，他便自問自答：「這是壓豆子的工具，豆子放進去，用手一壓，豆子就全碎了。」

這個小東西是宏都拉斯的一位農民送給他的。身為咖啡大師的他，像個老頑童似的把玩著手上的小玩意兒。

菜鳥的杯測竟然與大師同分

我們跟著大師亦步亦趨，突然，他停下腳步問我：

「你有沒有『杯測』的經驗？這是一種對於咖啡品質的評鑑，你會不會？」

原來，那天他是來工廠品杯測的。

所謂的「杯測」（cupping），就是先把豆子磨成合宜的顆粒大小，放進寬口矮式測試杯中，用鼻聞乾香氣（dry fragrance），接著加水沖泡並靜置四分鐘後，以專用的圓形鍍銀匙撈起些許咖啡液，一次大口吸進，使咖啡液分散至口腔，停留三至五秒，細細品嘗咖啡的原味，再將口中的咖啡吐掉，即完成杯測。杯測的結果會告訴我們很多訊息，包括香氣和口感，以評斷咖啡豆好或不好。

這場特別的杯測會，有三種測試咖啡，分別是機器挑過的、機器沒挑過的、機器挑過不要的；事前不透露哪一杯是什麼就直接「盲測」，最後再看大家測出來的結果。

George Howell選的是一支具堅果味的巴西豆和一支花果味濃厚的「耶加雪菲」。現場參與杯測的有七、八個人，包括George Howell的女兒、一般員工、烘豆師、公關經理……還有我。

George Howell並不曉得我的程度，沒想到當杯測結果出爐，我的分數竟然跟他一模一樣！他非常驚訝，我又何嘗不是！我頭一次發現自己味蕾的敏銳度與鑑賞力竟與教父級的咖啡大師相同，居然有點虛榮了。

他感到不可思議地問：「你真的沒有學過杯測？」

我照實回答：「真的沒有。」

於是，他當場決定帶我去看看工廠其他的部分，一邊領著我參觀，一邊對我有問必答。

在講解的過程中，George Howell用他閃爍著溫暖的眼神，認真地跟我這個素昧平生的晚輩交換理念。他很隨和，不管問他什麼問題，他都願意回答，沒有一絲不耐。我的一顆心怦怦怦地躍動著，興奮得幾乎要跳出來，心想：「這位大師怎麼一點架子都沒有？」

大師的柔軟

這位大師帶給我最大的震撼，是他的工作「態度」竟如此柔軟。

例如杯測，並不是他說了算，他會問每一個人的意見：

「你覺得如何？」

「你喝到了什麼味道？」

甚至包括我在內。而當我說出自己的看法時，他回答：

「我的感覺跟你一樣！」

杯測在這裡不是件嚴肅的事，而是分享、交換理念的場合。

George Howell的決策也並非獨斷獨行，他讓每一位夥伴出聲，尊重每個成員的主張，最後以大家共同的評估作為決策。

我原以為像他這樣的領導者應該是隻「老虎」，但他並不凸顯自己，而是推出團隊，George Howell只是跟著團隊走。他的團隊在業界像一群「狼」——戰鬥力十足！

這是我在短短幾小時之中，最深刻的體認，團隊也才能擁有非凡的力量。

George Howell謙卑的氣度和專注傾聽，深深打動了我。對我來說，這才是大師風範。

離開George Howell的辦公室時已近黃昏。他給了我兩張名片及位在紐約的咖啡館地址。

我真是初生之犢不畏虎。一個從沒做過杯測的菜鳥，竟敢跟世界級的大師一起做杯測！

「這兩家店用了我的豆子，若你有空可以過去嚐嚐，讓店家知道是我推薦你去的。」我跟表弟當然是毫不考慮便飛奔而去。結帳時，其中一家甚至不收我們的錢，流露了豐富的人情味。

狼的哲學

★大師帶給我最大的震撼，是他的工作「態度」竟如此柔軟。他讓每一位夥伴出聲，尊重每個成員的主張，最後以大家共同的評估做為決策。

★身為領導者，不必凸顯自己，而是推出團隊，自己則跟著團隊走，如此一來，團隊也才能擁有非凡的力量。

★謙卑的氣度和專注的傾聽，對我來說，這才是大師風範。

當一名咖啡手，不只是做咖啡

一個月跑四十幾家咖啡廳

從台北出發赴美之前，我曾經告訴表弟：「這一趟咖啡之行，你就跟著我跑，當作是自我學習吧！」

而他也願意捨命陪君子，跟著我轉戰美國近十個城市，從東岸的波士頓到西岸的西雅圖，再從西雅圖到加拿大的溫哥華。

我事先做足了功課，挑的都是具「指標性」的咖啡館，有時搭好幾個小時的飛機，甚至坐十九個小時的火車，只為了看一家店、喝一杯咖啡。

我們一共參觀了四十幾家咖啡館，每離開一家，我都以期待的心情移步前往下一站。

「我能為您服務嗎？」

從第一波的咖啡速食化，歷經第二波的咖啡精品化，到了現在，我覺得很多人在談咖啡的「第三波」美學演進時，都對咖啡的風味做了整理，也添加了創意。例如工作人員，男的帥女的美，像參加晚宴一樣，賞心悅目。有的咖啡館內飾以裸露的磚牆，呈現工業風。我也曾到Espresso咖啡教父David Schomer的店朝聖，這家店有個圓形吧檯，宛若劇場，吧檯手專注做咖啡的神情像表演一場秀。有的店家則是把每支豆子放入真空管，用吸引器將豆子吸去烘，烘完再吸回來放，煮時再送入咖啡機，採one touch式，而我永遠不知道豆子是從哪個地方飛來的，只知咖啡館充斥著「喀啦喀啦」的聲音，成為這家店的特色。

曼哈頓有家非常有名的咖啡連鎖店「Stumptown」，令我印象深刻。這家店沒有招牌，從外面看也沒有任何人排隊。咖啡館隔壁是一家飯店，我意外發現排隊人潮從飯店裡面開始大排長龍。這家店的員工沒有制服，他們戴著帽子、穿格子襯衫，一副率性裝扮。我點了一杯手沖咖啡坐在靠窗位置，窗外下雪，但聽著咖啡館內「滋滋滋……」的蒸氣聲，整個身體都暖和了起來。

我觀察著咖啡館內的每一個人，捕捉到一幅很美的畫面，多年來始終令我難忘——一位看起來充滿自信的吧檯手面帶微笑，友善地詢問客人：「我能為您服務嗎？」說得那麼親切那麼自然，讓人想再聽一遍。

他們都不太拘泥於所謂的「咖啡公式」，而是努力創造屬於自己的風格，以吸引特定客戶，展現不同層面的魅力。

那時我雖然還沒創業，但想乘機吸收別人的經驗，找出未來屬於自己咖啡館的藍圖，包括味道、氛圍、裝潢、服裝……希望複製好的點子、移植某些精神，到將來我自己開的店裡。

存款歸零，人生升級

歷時一個月的美國行，我嚐、我看、我聽、我思，我把過去幾年辛苦存下的積蓄全花光了，包括買了一萬多塊的書。雖然存款數歸零，但收穫難以計量。

在返台的飛機上，George Howell說的這句話在我心裡捲起一陣漩渦：

「當一名咖啡手，不只是做咖啡，還要把自己的快樂跟其他人分享。」

（A barista not only make coffee, but also share my mood for any people.）

我記下了這句話，並在筆記本的另一頁寫道：「無私」讓人敬重，「分享」使人受用。

George Howell升級了我的人生，也照亮了我未來的咖啡路。

狼的哲學

★一家出色的咖啡館，不拘泥於所謂的「咖啡公式」，而是努力創造屬於自己的風格，以吸引特定客戶，展現不同層面的魅力。

★我永遠記得咖啡大師George Howell的這句提醒：「當一名咖啡手，不只是做咖啡，還要把自己的快樂跟其他人分享。」

★「無私」讓人敬重，「分享」使人受用。

PART 2

最完美的開店地點

離家最遠的城市

我的第一家咖啡館開在高雄。

事實上，在開店之前，我從沒到過這裡。有人問我，為什麼選擇一個既陌生又離家這麼遠的城市？

我家在羅東，假日到當地旅行的遊客的確不少，其實我也可以把自家一樓重新裝修，改開咖啡館，但考慮到宜蘭的人口密度不高，雖然假日有賺頭，平日要維持生意卻不容易。

以過去在各個城市幫老闆展店的經驗，我明白開店有兩個非常重要的條件：一是人潮，二是交通。

評估地點時，我希望是開在捷運站附近，走路五分鐘可到且有停車場的地方，另外是大馬路旁第一條巷子的第一間，以增加能見度。我不考慮窮街僻巷，因為一家店不可能孤立於人群之外。

提出這兩點之後，沒過多久表哥便告知，有一間店符合以上條件，月租三萬，不過目前仍在營業，「如果你想，就要馬上把它『盤』下來。」

所謂的「盤」就是「頂讓」的意思，所以我把東西全部買下來，不需要的再丟掉，頂讓金大約二十幾萬。

實現理想要自己動手

表哥銘智是我在高雄唯一的親人。他清楚我父母是如何照顧我，原以為我會是個無法承受壓力的孩子，所以他三不五時就過來問有什麼需要協助的，「你一個人可以嗎？」直到見我凡事捲起衣袖自己動手，他才鬆一口氣，「哇，你跟我想的不一樣喔！」

高雄的優勢在於大眾運輸工具方便，房租比台北低，但人口數跟台北市差不多。我運氣很好，最終找到了心目中完美的位置。

咖啡館座落於南高雄新堀江中央公園旁。地緣上，北高雄較新穎，南高雄比較老舊。

新的店在陌生地落腳，我誠惶誠恐。

初來乍到，鄰居問：「這裡都是老人家，你的咖啡要賣給誰？」

或者說：「你怎麼不開在北高雄？這社區的人素質不高……」

甚至連那一帶的人都告訴我：「少年仔，這裡生意不好做，會倒喔！」

我和高雄沒有淵源，對於別人的「警告」一點都不介意，只知道地點符合「靠近捷運」、「有人潮」兩大條件就過來了。

「我做該做的、能做的、想做的事，把品質做到最好。」這是我對自己的承諾。至於會不會倒，並不是我能控制的。

自然醒的咖啡館

接著得想店名了。我期盼客人每天一覺醒來，能開心地喝一杯咖啡，優雅地享受早午餐，那該多愜意啊！所以店名就叫「Café自然醒」。

食物是什麼呢？一般咖啡館以賣火腿之類的三明治和蛋糕居多，但我要看得到原形的不加工食品。

沒錯，咖啡館賣餐點。

雖然純賣咖啡的生意也做得起來，不過加賣餐點比較快，因為客人可以不喝咖啡，但不能不吃食物。既然出門了，如果店家有餐點和咖啡，應該比較想消費吧！

裝潢期間，我和媽媽到高雄找了幾家生意特別好的店吃早午餐。在餐飲方面，她是專家，我自然視為顧問。不過，我們發現有幾個難題需要克服。一來，好吃的麵包向來都不便宜；二來，我們想做「原味」食物，但店面太小，沒多餘地方烹煮，讓人傷腦筋。

我們陷入了深沉的思考。

突然，我定神看她一眼，「咦，眼前這位不就是最佳人選嗎？」

從餐點到陳設的獨特美學

媽媽退休後賦閒在家，曾自行研發六種「蒸麵包」。起因她是看到有機豆渣被當成飼料覺得很可惜，靈機一動，把它當成了饅頭的原料，絞盡腦汁，一路修正口感，終於做出了叫好又叫座的「蒸麵包」，在鄰里間大受歡迎。

我對媽媽的創意讚不絕口。「何不請她研發一套養生又美味的精緻餐點，變成店裡的特色呢？」

媽媽和我有很多共同的飲食記憶。我覺得「好食物」一定要去嘗試，吃了好食物，才知道怎麼做出好吃的食物。

我曾建議她吃法國料理以培養好的味覺體驗，不過，她認為法國料理太貴了。我說：「外出飲食不要嫌貴，我們應該多累積對食物的瞭解，累積愈多，你對食物的感受力就愈強。」媽媽接受了我的建議，現在手藝可媲美電視上的美食專家了。

我問她：「怎麼樣？要不要考慮看看？」

媽媽很高興被看重，但仍羞澀地說還需要想一想。我加碼說：「你要珍惜自己的手藝，料理的手可以震撼人心喔！」

經我這麼一說，她就被打動了，而且為了以行動表示支持，竟然願意免費幫忙，這對我來說猶如當場解除警報，省下了一大筆經費。

二〇一一年五月五日，「Café自然醒」正式開張了。

二十坪的店面，二十三個座位，櫃子以樓梯做造型，最頂端坐著一個可愛的小朋友向大家招手。每個座位旁都有令人愉悅的圖畫，綠色牆面搭配木質地板，牆角則有深具美學的獨特風格。

華山的邱大哥一如承諾，抱著一台烘豆機過來為我加油打氣。

狼的哲學

★開店有兩個非常重要的條件：一是人潮，二是交通。評估地點時，我希望是開在捷運站附近，走路五分鐘可到且有停車場的地方，另外是大馬路旁第一條巷子的第一間，以增加能見度。我不考慮窮街僻巷，因為一家店不可能孤立於人群之外。

★「我做該做的、能做的、想做的事，把品質做到最好。」這是我對自己的承諾。

「Café自然醒」開張了

吸引客人三要素：好吃、好喝、好玩

開幕之初，沒有促銷，不打廣告，我重視「口碑形象」。我覺得吸引客人的三大要素是：好吃、好喝、好玩。

店裡提供的一整套精緻早午餐，包括了：開胃前飲、開胃前餐、沙拉、主餐，最後任選一杯咖啡。

除了咖啡，其餘都交由我媽負責，連沙拉的調味料都是，像是用堅果、水果乾打成泥做成的沙拉醬，全使用初榨橄欖油；餐點沒有炸物，符合健康原則。

值得一提的是，我媽在宜蘭的家裡設置了一個「中央廚房」，她精挑細選商家，做好的食材分成小包裝馬上冷凍，隔天以宅配送到高雄，以保持運送過程的新鮮度。她還會追蹤宅配進度，零誤差。

法國餐的上菜方式，請您從容享用

在餐廳方面，客人入座後，服務生會先送上一大壺水及菜單，並且詳細介紹餐點內容。

我們是以「法國餐」的方式，一盤一盤上菜。主餐是涼的，避免咖啡館充斥食物的味道（頂多煎個蛋）。

所謂的開胃前飲，是來自非洲產地的特調高品質黑咖啡，清爽微酸，杯上凝結的果膠可潤滑腸胃。

開胃前菜則是以當令食材做成的漬物，巧妙地搭配味覺，勾引客人的食慾，例如天然香蕉乾、醃漬香菇或小番茄，分盛在兩個小湯匙裡，鹹鹹甜甜，精緻可愛。

至於沙拉，是將一大片新鮮爽脆的生菜立在透明的玻璃碗中，佐以四種手工製作的醬汁，自行淋上。

主餐有櫻桃鴨胸、香草里肌和功夫醬肝，三擇一。肉類全切成薄片，以扇形排開，擺盤頗具巧思，盤中另搭配青菜和蛋，整體使用的食材非常簡單，但正因如此，絕對美味。

主餐旁的紅藜燕堅果麵包，也花了很多心血製作。

紅藜俗稱「紅寶石」，是強力的抗老化食品，膳食纖維比燕麥多出三倍，一台斤約要價六百至九百元。這種麵包是先讓麵團自然發酵八至十小時，然後加入紅藜、芝麻、腰果、核桃和蔓越莓，再經過低溫烘焙製作而成。

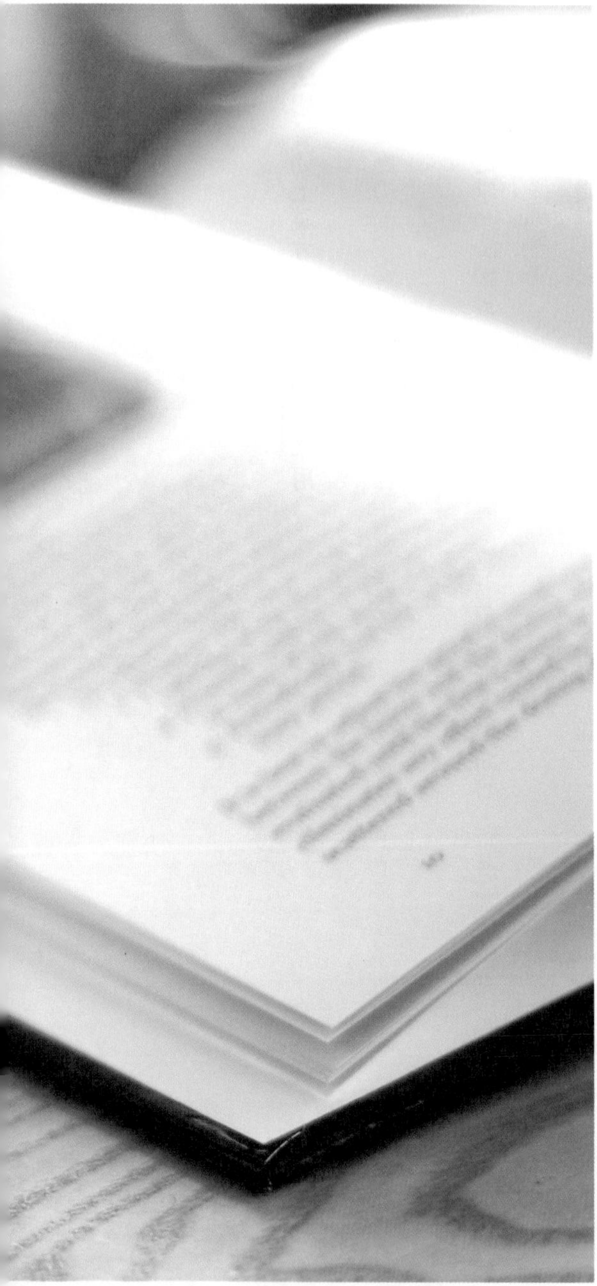

咖啡要煮到好喝為止

咖啡，當然是主力商品。

在客人上門之前，我們會抓出一個數據，讓當天的吧檯手有信心依此標準備妥咖啡。如果第一杯沒把風味呈現出來，第二杯再接再厲，不然再做第三杯。每個吧檯手每天以三杯咖啡暖身，如果煮不好就自己喝，不能倒掉，因為「錯誤是最好的老師」，唯有抱持這樣的信念，才能學得好。

每位吧檯手煮咖啡都有自己的方法。例如，客人想要一杯有花果香滋味的柔和咖啡，吧檯手會先思考「該用什麼水溫煮」。

溫度、攪拌和萃取

改變咖啡的三要素分別是溫度、攪拌和萃取。

1. 溫度：會影響香味，熱的咖啡香氣高。
2. 攪拌：會增加厚實感。
3. 萃取：萃取時間如何拿捏很重要，時間愈短會使咖啡的精華表現不完全，時間久了又會竄出苦味，影響整杯咖啡的風味。

先聞香，再品味

單品咖啡登場的儀式真可用「賞心悅目」來形容。

1.首先，客人點完咖啡後，服務生在沖煮之前，會將研磨好的咖啡粉置於上壺，拿到桌邊給客人聞香。

2.接著，第二階段如醒酒般地搖晃咖啡粉再讓客人聞一次，希望客人品味兩階段香氣的細緻變化，並解釋咖啡豆的產地、酸度、莊園等專業條件，藉機製造客人與服務員互動的機會。

3.最後，端上用瓷杯煮好的熱咖啡，並倒一點同款咖啡於高腳玻璃杯中，讓客人品嘗冷、熱不同的口感差異。

工作人員會建議客人先啜飲瓷杯的咖啡，感受溫熱；待高腳玻璃杯內的咖啡稍微放涼，再品味另一種風味。

如此一來，以視覺、味覺與嗅覺搭配賞味，有如品酒般，絕對好喝。

對不起，小店不提供糖和奶球

店裡的另一個特色是不給糖和奶球。很多人不習慣，但我堅持這麼做，因為黑咖啡最好喝。

為了避免喝咖啡太單調，店裡會提供一塊沒有油分的義式餅乾，微甜脆口，充滿堅果香氣，讓味覺有交替性。

客人喝咖啡的過程中，服務員一定會過去添咖啡，因為吧檯手煮好了咖啡時都會請在場的客人品嘗，一小杯、一小口，希望大家不只喝到一杯咖啡，而有很多機會嚐到不同風味。

吧檯旁有一個「虹吸區」的小角落，開放給習慣自己煮咖啡的客人使用，可以當自家廚房，也能體會有趣的餐飲文化，絕對好玩。

有沒有搞錯，一份套餐二百八十元？

不過，一份套餐二百八十元的價錢卻被罵翻了。

「這麼貴喔？高雄人沒那麼厲害啦！不用做這麼好……」

其實，在罵食物貴之前，應該先問品質好不好。

從過去的經驗中，我學會了怎麼銷售高單價的產品，同時把產品做得有價值。一般來說，價格是店家定的，價值是顧客給的。如果產品好，服務又不錯，價值和價格對等，產品就不貴；如果產品物超所值，就算便宜；若產品不好，品質不如價格，客戶會失望而不再上門。當市場價格公開化，接下來要拚的就是客人給的「評價」了。

二百八十元的早午餐到底貴不貴？這是和消費者之間的拉鋸戰。我並沒有妥協的意思。

我喜歡有時間跟我講話的客人

有句話說：「制訂遊戲規則的是店家，選擇玩遊戲的是買家。」這意思是，老闆可隨意制訂遊戲規則，但吸不吸引人來玩，由消費者定奪；唯有消費者買帳，店家才能生存。

開店之前，我先問自己：「你喜歡怎樣的客人？」

我喜歡有時間跟我講話的客人，這樣我才能影響他們。

首先，我把自然醒定調為女性化產品。根據統計，女性在飲用咖啡的人口中占百分之六十。

其次，我考慮自己的商品選項受哪一個年齡層青睞。

我設定的對象為四十歲以上的家庭主婦和工作比較「自由」的族群，相信他們是買豆子回家煮咖啡最大的族群。撇開上班族，是因為這個客群有現實的經濟壓力，而且上班族到咖啡館多半是談公事，不會有時間跟我談咖啡，在宣導教育方面明顯弱了一些。

當初定「自然醒」，是想做個健康的輕食地點。客人應該八點之前就「醒」了，不會拖到下午吧？所以定八點開店。有人說我們是「正派」經營，因為時間很「正點」，跟上班族一模一樣。

另外，傍晚六點之後附近人潮散去，周圍突然安靜下來，我相信家庭主婦們也應該是回家陪家人吃晚餐的，所以打烊時間定在下午六點。

只不過，店裡從早上八點到下午六點的營業時間，還是引起了非議。例如有上班族客人抗議：「你賣這個時段，我們怎麼來？」

我開玩笑說：

「我才不賣你們上班族呢！我要賣給注重健康的貴婦。」

狼的哲學

★吸引客人的三大要素是：好吃、好喝、好玩。

★在我們店裡，每個吧檯手每天以三杯咖啡暖身，如果煮不好就自己喝，不能倒掉，因為「錯誤是最好的老師」，唯有抱持這樣的信念，才能學得好。

★價格是店家定的，價值是顧客給的。當市場價格公開化，接下來要拚的就是客人給的「評價」了。

★開店之前，我先問自己：「你喜歡怎樣的客人？」我喜歡有時間跟我講話的客人，這樣我才能影響他們。

一天只賺六百元

六百元還可以買豆子

我們這家新開的店，不論食物、價錢、營業時間……都在挑戰消費者過去的習慣。我的理想很高，腳步卻走得踉踉蹌蹌。

由於第一次當老闆，我跟員工容易有衝突，例如直接指責對方的不是，彼此有很多摩擦。雪上加霜的是，初期營業狀況並不好。

曾經有這麼一天，從早上八點開門營業到下午三點半，一個客人都沒有。眼看著時間一分一秒過去，店裡仍空蕩蕩的，服務生一早就把材料備妥了，無奈就是沒人。我們面面相覷，很尷尬。接近四點，終於有人上門，可喜的是還陸續來了幾位，坐了兩、三桌，但好景不長，僅維持一個多小時，五點過後客人全走光了，咖啡館再度恢復平靜——當天的營業額只有六百塊。

六百塊能幹嘛？付員工薪水都不夠。

下班後，我若無其事地跟同事說：「走，一起去吃飯！」我把那六百塊拿出來，再貼一些錢請客。

「我們還有錢吃晚餐，不錯吧？」我苦笑著說：「如果明天還是六百塊，也可以買很多豆子啊！」

我嘗試用各種方式解讀這六百塊。做生意，「穩定軍心」最重要，我不能讓員工們覺得老闆快撐不下去了。

草比花更堅強，耐力更久

這段時期，很多人建議我延長營業時間，但問題是這麼做能否把客人帶進來？如果不行，為什麼要多付員工加班費和水電費呢？

我反駁說：「往後延不是增加收入，而是增加支出喔，反而會更慘。」

好一點的情況是營業額略微增加至一、兩千，長達兩個多月都如此；然後漸漸地，也有三、四千……

雖然我心情低落，但還是自我安慰：「我是一個『慢熱型』的人，我的時間還沒到。」如果時間未到就把酒倒出來，當然不夠醇美，我相信唯有「拉長」時間才能釀出成功的酒。

不過，也有人認為我踢到鐵板了，質疑我：「你當初難道沒做市場調查嗎？」

我的確沒做。

但是，我選定的地點旁邊有王品，他們集團的十三個品牌裡有七家在附近，我相信他們一定做過市調，已經確定這個市場可以承受並容納他們的價位。我心想：「Café自然醒」的價位跟他們差不多，會去那邊消費的族群應該也會到這裡消費，他們能賣的我也能賣。換言之，我是拿別人做好的市調當自己的市調，這是最快的方法。

但我們的店並不如王品般人潮洶湧，而且落差很大。即便如此，我仍然沒有打退堂鼓，就算看到營業額六百塊也不後悔。如果連你都懷疑自己，別人一定不會支持你。我看到幾家不如我們用心的店，卻比我們還賺錢，心想：我怎麼會輸？草比花更堅強，耐力更久。

努力做專業的事

對別人來說，喝咖啡是生活，對我卻是「生存」，我不只喜歡，而是「依賴」。咖啡早已轉化為我生命的一部分，是我的信仰，我會窮盡一切的努力、投注所有的心血經營咖啡事業，絲毫不敢鬆懈，因為我不允許自己失敗。

然而，低營業額持續高掛著。不可否認，我的心情很沉重。

雖然我不會做生意，卻懂得當客人，知道他們需要什麼環境、怎樣的商品吸引人。我的食物健康、咖啡好喝、環境不錯、服務好、有專業……沒有做不起來的道理。

但顯然我還有不足之處。

我先從自己下手。第一年我沒領薪水，把租金一萬多的房子退掉，改租六千的；此外，我也不買車。生活可以很將就，也可以很講究。我對住很將就，反正在家的時間很少，只是睡個覺而已；但對事業很講究，我寧願把這些錢省下來買設備或做員工訓練用，拉長時間以換取生存空間。

另外，我也跟員工討論「方向」跟「方法」。

在「方向」上，我找懂得我的人，決定設臉書，藉網際網路告訴咖啡同好我是一個怎樣的人，我的咖啡有什麼風味，把店裡的訊息和想法貼上去，以此檢視他們對我的喜惡。臉書全公開，我直接跟消費者對話，所有的批評和讚美一覽無遺。沒想到，喜歡我風格的客人不但進來，而且幫忙帶新客人來，對銷售真的有幫助。

另外，咖啡館辦活動也會透過臉書讓客人知曉，尤其很多免費的專業講座常常大爆滿，甚至有人遠從花蓮、台東、屏東、台南……而來，臉書張貼的訊息常常是：「活動訂位數已滿，無法容接其他貴賓，如造成不便，請多海涵。」

接著辦教學，客人只要繳學費就送豆子，等於免費教學，藉此轉移員工對營業額六百塊的注意力。

「想也沒有用，我們就努力做專業的事吧！」

以服務和專業打動客人的心

我的專業，也反映在一道一道出的餐點上。

很多人以為咖啡館開張，店裡有服務生，負責人就退居幕後。但我沒有，我當自己是服務生，只要進來的就是要招呼的客人，我端出每一樣餐點時都願意耐心講解，增加與客人之間的互動，以做到專業服務。

我都跟客人說：「有關咖啡的任何疑難雜症，不用找書，直接問我就好。」

我也主動出擊，告訴客人該怎麼品嘗咖啡。我把握機會，提供最好的服務和專業知識，以打動每一顆心，希望他們下一次再度光臨。

當客人享用咖啡時，我通常會強調：「店裡的咖啡有酸甜感。」

酸有兩種，一種叫sour，像醋酸，一般人喝了會起雞皮疙瘩，帶刺激性，酸味充滿喉嚨，這是不好的酸，我也不愛這種尖銳的酸度。可是有一種酸，入口後就不見了，不會殘留在嘴裡，像果汁的酸，喝下去這酸上舌後馬上往兩邊滑開，兩頰生津，花果香會停留在鼻尖，這是好的酸，我們叫acidity，我店裡的酸味就屬於這一味，讓味蕾很舒服，留下的甜味在嘴裡來回旋繞……

客人經我這麼一說，慢慢品味，「哇，你說的是真的耶！」如此引起客人共鳴，表示我講的他們都聽得懂。

店裡的客人看到我常會叫：「老闆過來，老闆……」

我說：「老闆是你，你才是我的老闆。」

客人聽了呵呵笑，想想也對，「是我付錢給你，哈哈！」

最浪漫的傻瓜

透過口耳相傳，生意逐漸有了起色。

開店半年後，終於脫離低營業額的風暴，一年多達到損益平衡，在逆境中慢慢成長。

有趣的是，當初我開玩笑說店裡的咖啡要賣給注重健康的貴婦，因為她們允許自己有微小又新鮮的奢侈，沒想到營業初期的客人真的以貴婦居多，她們喝完咖啡，真的會帶一些回去給家人喝或者買豆子回家，直到這家店打出知名度和口碑，才逐漸擴展到其他客戶群。

我深深體會做咖啡要賺錢多麼不容易，所以有人說：「做咖啡的都是浪漫的傻瓜。」但是既然選擇了浪漫，就不要怕傻。既然已經傻了，就勇敢地做下去吧！

狼的哲學

★曾經一整天的營業額只有六百塊，付員工薪水都不夠，但我嘗試用各種方式解讀這六百塊，因為做生意，對員工「穩定軍心」最重要。

★如果連你都懷疑自己，別人一定不會支持你。

★看到別家不如我們用心的店都經營得有聲有色，我心想：我怎麼會輸？草比花更堅強，耐力更久。

★我努力做專業的事。雖然身為老闆，但我當自己是服務生，只要進來的就是要招呼的客人，我端出每一樣餐點時都願意耐心講解，增加與客人之間的互動，以做到專業服務。

看準時機，開第二家店「握咖啡」

準備開第二家店

我們的店在那一帶打造了嶄新的咖啡形象，同時也帶動了附近的商機，店家旁邊跟著開起一些很棒的店，包括個性化的咖啡店。

我乘勝追擊，開始買大型的烘豆機，從最初的四百公克、一公斤、五公斤，現在已換成三十公斤。最重要的是搭配賣咖啡豆，我從非洲衣索比亞等十二國進口較好的咖啡豆，每季約進口五十大袋（一大袋六十公斤），烘好再賣給客人，現在全台除了有二十幾家咖啡館向我進貨外，也外銷到大陸市場，是咖啡館很重要的收入來源。

如此一來，我就有更多時間做自己想做的事，包括開第二家比較快速的外帶店——「握咖啡」。

跌跌撞撞的創業之路

就像狼鎖定了獵物，絕不輕言放棄一樣，我是個抓住機會就不放的人。在找地點時，認為旗津港灣最適合，於是積極洽談租屋事宜。房東Sakura起先不願意租我，但我一心一意要那個位置，便持續遊說，同時把我的夢想也告訴他，沒想到最後他不但答應租房給我，還願意當我的股東。

如願租下旗津港灣的店面後，一位生意做得很好的老大哥跟我說：「Jacky，你要把店開在那邊嗎？那裡雖然是人來人往的地方，但沒有『停留客』，不會有人來買東西喔！你要不是野心很大，就是亂開店。」

後來再遇到這位老大哥，他拍拍我的肩說：「你的野心真的很大。」沒錯，我有野心。我要做海外市場，那個地方有很多大陸客，也是最多外國觀光客到高雄必經之地，我就選它成為我的點，因為曝光率高。另外，我想結合悠閒的生活，而什麼地方可以結合悠閒的生活？海港。渡船的人可以結合悠閒的生活，握咖啡應該可以從這邊出發。

「握咖啡」純賣咖啡，店面很小，但設備全部用最頂級的，以一台六萬多塊的磨豆機磨豆子（店裡共有四台），以一台五、六十萬的咖啡機煮咖啡。近百萬的機器設備做出的咖啡，但一杯才賣五、六十塊。

半年後，「握咖啡」的第二家店在新竹科學園區三期門口附近開幕，一樣以精品的咖啡豆做外帶咖啡，讓客人知道外帶也有好咖啡。而接下來的幾間握咖啡，會在不一樣的城市，讓更多人有機會品嘗。

我想讓消費者明瞭我在做好咖啡，因為光看設備就知道；客人一定會想，用好的設備，豆子一定跟著好——這也是事實，那麼消費者對咖啡就會有更高的評價了。

這一條創業之路，我一路跌跌撞撞，大概一年半才邁出穩健的腳步。

像毛竹一樣深深地扎根

我曾看過一篇文章，內容是說，中國南方有一種植物叫毛竹，前四年的生長速度很慢，即便農民每天辛勤播種，用心培養照顧，種子萌芽後，四年間只不過長三公分。別人看到這情景，完全不能理解。

可是過了四年後，毛竹每天以三十公分的速度瘋狂成長，兩個月就超過十八公尺，瞬間變成鬱鬱蔥蔥的竹林。這中間看似發生了不可思議的變化，但前四年毛竹並不是不成長，而是牢牢扎根，它將根埋在土壤下，延伸幾百公尺，因為扎得夠深，往後才能長得高，長得快，長得茁壯。

創業初期，我常拿這個例子惕勵默默堅持的自己：

「你耐得住當前面四年幾乎沒有任何成長的毛竹嗎？」

竹子都懂得潛伏，更何況是人？

狼的哲學

★就像狼鎖定了獵物，絕不輕言放棄一樣，我是個抓住機會就不放的人。

★除了經營咖啡館，我更進一步搭配賣咖啡豆，如此一來，我就有更多時間做自己想做的事，包括開第二家店。

一生的賭注

「你們為什麼想開咖啡館？」

應邀演講時，我的講題不外乎「咖啡」和「創業」兩大主軸。有一次是談「青年創業」。一開始也許我講得不夠精采，或者太嚴肅了，聽眾顯得意興闌珊，反應並不好，我為了緩和氣氛，增加彼此的互動，對台下說：

「如果你們有任何問題隨時都可以發問，不必等到最後喔！」

台下蠢蠢欲動，終於有人舉手問：「請問要怎樣開一家咖啡館？」

現場頓時熱絡起來。我當場做個民調，發現竟然有一半以上的人想開咖啡館。

但是當我反問：「你們為什麼想開咖啡館？」多數人卻回答不出來。

想開店的人不知道自己要什麼，卻希望我給個答案，而且是明確的「步驟」，例如：第一步應如何籌備，第二步該增添什麼機器，第三步要如何找人，第四步怎麼宣傳……然後就會成功。這個想法讓我憂心忡忡。其實餐飲界的成功除非有完好的制度，否則是沒有ＳＯＰ的。

開咖啡館是很實際的事

很多人總以為開咖啡館很浪漫，可以在店裡吹冷氣、聽輕音樂，然後煮杯咖啡拉個花，很輕鬆地端給客人說：「先生，這是您的咖啡。」客人回應：「好好喝，你拉的花真漂亮！」

有很多人是這樣想的。

然而，真的只是這樣嗎？

有一個關於「行業別」的統計數字，每四人就有一個人想開咖啡館。根據調查，他們想開咖啡館的理由分別是：一、在其他地方賺不到錢，所以想開咖啡館；二、生活壓力太大，所以想開咖啡館；三、生性浪漫，所以想開咖啡館……但如果你是因為想賺錢，那麼開咖啡館更賺不到錢；如果因為生活壓力，開咖啡館的壓力更大；如果生性浪漫，那麼繼續浪漫就好。

很多人以為咖啡館的創業門檻比較低就進來做，但有多少人沉溺在咖啡裡走不出去？成功的又有幾家？答案是「屈指可數」。這是非常殘酷的事實，因為大家都小看咖啡和餐飲這一行了。

從愛喝、想喝、能喝開始

在那當下，我決定跳開台下聽眾最想知道的答案，轉而教大家怎樣品嘗咖啡。台下一臉疑惑，「你不是要教我們創業嗎？怎麼談品嘗呢？」

我說：「如果你要當一位廚師，你必須愛吃、想吃、能吃、會吃……才能扮演好『廚師』這個角色；除了懂得好不好吃之外，你能不能把這食物轉成更豐富的味道呈現出來也非常重要。如果你是個咖啡手，你卻不愛喝、不想喝、不能喝、不會喝……我相信你無法把咖啡做好。」

例如，即使有人借你錢，讓你開間像樣的咖啡館、買很好的機器，可是你沒有品味，能取信於消費者嗎？會做得快樂嗎？

我把原本在演講最後要請大家品嘗的兩款咖啡豆拿出來，讓大家比較「商業咖啡」和「精品咖啡」的不同。當他們實際嚐到咖啡的味道時，現場熱鬧滾滾，反應很熱烈。

「喔，原來你說的是『這個』！」

「喔，是這種『酸度』啊！」

大家對我在前面演講的內容才心領神會。

其實咖啡不只有酸味，也有香味、甜味。有的人當下不喜歡「酸」的咖啡，但我跟他們溝通，拜託對方接受有一點酸味的咖啡，那才是咖啡真實的味道。

我告訴大家：「帶點酸味的咖啡才好喝。」

我必須教育市場。一個不願意或不敢靠近「酸」的人，憑什麼品咖啡？教育是會痛的，一個連教育的機會都想放棄的人，憑什麼開咖啡館？這樣的人連最基本的勇氣都沒有。

一個想從無到有地創業、開咖啡館的人，至少要瞭解咖啡的味道，培養自己的品嘗能力，才能吸引同樣愛好咖啡的消費者上門，這比任何人來教怎麼開咖啡館、沖幾秒煮出來的咖啡好喝更有用。因為這是最根本的。

如果當老闆的連基本的都不會，自己會很空虛，因為你不知道這杯咖啡好喝或不好喝。

這就是為什麼我覺得品嘗咖啡是很重要的事。

只有當你愛咖啡，才有機會成功

再回到「創業」這個嚴肅的主題。

如果一家咖啡館的消費族群是商業客，那麼用商業豆的角度去做是對的，因為商業豆所占的市場比例為百分之七十；但如果是用精品豆的角度切入，這得評估市場，因為精品豆的市場只有百分之三十。要切入哪一塊，必須慎重思考。

我對創業的看法是必須對這一行夠喜歡、夠愛，才能找到支撐自己做下去的力量，只有這個原因，可以讓人不但賺到錢，還能賺到快樂。就跟喜歡另一半一樣，有一天對方會變老，但因為你喜歡，所以對她的愛依然不變。

如果你不喜歡，千萬不要貿然開店。

開店不賺錢會很傷心、很難過，你心裡會有很多障礙，可能連做下去的勇氣和力量都沒有。只有當你愛咖啡，即使不賺錢也開心，才有機會在後來成功。

「愛」是一個很大的條件，像談戀愛一樣。雖然別人看了不一定覺得美，但自己要有「非這人不結婚」的決心，任誰看了都會感動，會祝福。如果夠愛，就會接受每一項挑戰，一關一關地闖，之後才有機會得到成就感，吸引自己往下一個階段前進。

我自行創業後一年半才撐過來，而直到第三年，才感覺「賺錢」。過去也許賺，但賺的錢都去買更好的機器或材料，轉贈到客人身上；接著得到「金幣」，用以激勵自己，繼續投入這一行。

踏入咖啡領域十三年，我從來沒有離開過。如果你沒有熱情撐過這個時間，客人不認識你，你也不認識咖啡，你連自己喜不喜歡都不曉得，還沒拿到回饋的金幣就陣亡了，豈不可惜？

狼的哲學

★別小看了咖啡和餐飲這一行。如果你開店是因為想賺錢，那麼開咖啡館更賺不到錢；如果因為生活壓力，開咖啡館的壓力更大；如果生性浪漫，那麼繼續浪漫就好。

★要是當老闆的連基本的都不會，自己會很空虛，因為你不知道這杯咖啡好喝或不好喝。

★我對創業的看法是必須對這一行夠喜歡、夠愛，才能找到支撐自己做下去的力量，只有這個原因，可以讓人不但賺到錢，還能賺到快樂。

迷戀味道，享受掌聲

一切只因為迷戀

很多人好奇，我在這一行一做十幾年，沒有第二份工作。除了愛，還有什麼讓我「砰」地就掉進咖啡的世界，從此不再出來？

有。是「迷戀」。

我迷戀「味道」和「掌聲」。

初入咖啡這一行時，我發現咖啡的風味豐富多元且變化多端。每當我烘出風味很棒的咖啡豆時，我會迷戀它的味道；烘完豆後，煮給客人喝而獲得掌聲時，我又更迷戀了——一種是「沉迷」，一種是「成就」。所以我不斷努力堆疊自己的作品，以成就來滿足虛榮心，甚至從中獲得金錢上的收穫時，就更加確定這是我要的了。

我對味道有一種「渴求」和「貪戀」，就像電影《香水》的主角，他不擇手段地保留一個人的味道，為了味道，甚至可以用生命去換取，這不是每一個人都可以做到的。撇開這種極端的做法，如果你把味道以「信仰」看待，你才能夠為了這個味道而「殉道」。說「殉道」也許誇張了，但我想表達一個人為了追求味道的極致所投入的一切。

如果你沒有愛，你無法在這件事登峰造極，因為你不夠瘋狂，便無法百分之百地投入。

如果你不夠堅持，就不能談愛。

而如果你沒有犧牲奉獻的心，只追求一時的舒服，那麼愛只是表面的好聽話而已。

做咖啡，就做自己愛喝的

對許多人來說，似乎覺得那是個遙遠的境界。

有的人希望能跟著我的腳步走，像我一樣開咖啡館創業，不過對咖啡本身並沒有我的「熱忱」，對於咖啡事業的概念也很模糊。與這樣的朋友分享經驗時，我會先把許多困難點講出來，拉住他們衝動的創業路，說得直白一點就是——不要亂開咖啡館。

我有一個很想開咖啡館的朋友在請求家人經濟贊助時碰了軟釘子。

家人問他：「賣咖啡，你的量和價贏得了7-11嗎？咖啡賣氣氛靠裝潢，你贏得了Starbucks（星巴克）嗎？賣咖啡靠名人代言，你贏得了韓國那個厲害的連鎖咖啡店Caffé bene（咖啡陪你）嗎？如果這三項你都輸人家，那你憑什麼經營咖啡館？」

我想如果換成是我，當下也無法立即回答這個問題。這番話好像很對，又好像不對，因為我沒有一點符合他家人的要求，卻做了下來。

不過，有一種心情倒可以跟大家分享。

有一天晚上，十幾位杯測師來店裡校正杯測數值，大家忙到很晚，談豆子又喝咖啡，好開心。回家的路上經過一家半露天複合式咖啡館，晚上十二點了，生意超好，客人爆滿。朋友打趣地說：「哈，杯測什麼啊！測到嘴歪眼斜，也沒人家生意量的一半。」

但我說：「我們哪裡會放棄目前所堅持的咖啡工作，而轉向滿足每一個消費者的需求去追爆滿的生意量？」

大家笑了。

另一位朋友說：「做咖啡就做自己愛喝的，再找一群愛喝你咖啡的人出來，結交新朋友，維繫老朋友。」我再同意不過了！

做咖啡的人都有一顆赤子之心，因為咖啡館的設備都不便宜，很少人會算自己付出多少，如何回收，只想到：「我要如何把品質做到更好？」

咖啡館要賺錢，時間得拉得很長很長才行，所以我常勸人：「如果你不夠浪漫，就不要做咖啡這一行，因為我們都用感性做事，沒有浪漫的個性，哪裡做得下去？」

狼的哲學

★如果你沒有愛，你無法在這件事登峰造極，因為你不夠瘋狂，便無法百分之百地投入。如果你不夠堅持，就不能談愛。而如果你沒有犧牲奉獻的心，只追求一時的舒服，那麼愛只是表面的好聽話而已。

★做咖啡就做自己愛喝的，再找一群愛喝你咖啡的人出來，結交新朋友，維繫老朋友。

關於咖啡，你要知道的事

我喝黑咖啡

「我喝黑咖啡！」我常四處分享咖啡的相關課程。有一次上課前，剛好聽到學員互問對方是不是喝「黑咖啡」，我便順勢回答了。

其實喝黑咖啡是在我走進咖啡領域之後。

最初關於咖啡的印象，來自孩提時的「即溶咖啡」。

那時，家裡的咖啡罐中還剩下一點點已經硬到無法用湯匙舀的粉塊——我相信每個家庭都曾經有這麼一罐。我怯怯地在受潮的玻璃咖啡罐中加入熱水，讓粉塊慢慢融開，一會兒，空氣中彌漫著濃郁的咖啡香。我淺嚐一口，「哎呀！好苦！」於是加了很多牛奶和糖，一口喝下，「哇，好好喝！」那股香味，對年幼的我非常具吸引力。

長大接觸咖啡產業後，我才不加糖，也不加奶。黑咖啡是最健康的飲品。

咖啡的百變風味

咖啡是長在樹上的農產品，有兩片子葉，像一雙微握的手掌，包覆著咖啡豆，裡面有果皮、果肉，有熟的、有不熟的，甚至黑掉的，不過可以看出從綠轉黃變紅的過程；從外觀看，像極了一顆顆小巧可愛的櫻桃，非常漂亮，所以咖啡的果實也叫「咖啡櫻桃果」。

精品咖啡對酸的要求不多，但對甜的要求很高，愈甜愈精品。由於產地日夜溫差大，味道愈豐富、層次愈飽滿，品質就愈好。

咖啡果實的結構非常複雜，有皮、果漿、內果殼，裡面才是咖啡豆，中美洲的豆子叫「硬豆」，高海拔的則叫「極硬豆」。

關於咖啡果實的處理手法，用曬的方式把皮去掉，叫「自然乾燥法」；把皮去掉，留著果肉發酵乾燥的叫做「蜜處理」；把肉都刮掉的叫「半水洗」；洗到最後剩內果殼的叫「水洗」。每一層有不同的處理方式，相對也會影響到甜度。以太陽曬乾的方法，甜度會直接跑到咖啡豆裡，種子比較甜，入口久久不散，所以光憑喝咖啡就可以喝出不同的處理方法。

每一種咖啡都可以製造不同的風味，例如甜味、蘋果香、花香、龍眼香、百香果、柑橘香、檸檬香、西瓜、木瓜……除了受到生豆本身的品質影響之外，烘焙技巧以及不同的萃取方式，都會使咖啡呈現截然不同的風味。

台灣咖啡農教我，如果吃到咖啡皮肉是甜的，那麼煮出來的咖啡會非常棒；若是澀的，就會帶點澀味。而如果有土味肯定不好，可能發霉甚至有毒素，這種咖啡一定要丟掉，所以豆子要保存好，比較不會發生這種憾事。

喝咖啡，先從瞭解它開始

「請問什麼是Espresso？」有人回答是「濃咖啡」，其實Espresso就是小小一點點的咖啡，用八克豆子萃取三十c.c.的精華。義大利人認為那是「咖啡的靈魂」，他們對Espresso有濃厚的民族情感和堅持，認為只有Espresso才叫咖啡，其他的都是商業手法。

「那麼，什麼是Latte？」有人說是「牛奶裡加咖啡」，沒錯，重點是大量的牛奶。

「什麼是Cappuccino呢？」Cappuccino原意是早期修道士的頭紗，現在簡單的概念是在咖啡裡放入厚厚的奶泡。

「什麼是藍山？」以前有位師父跟我說，咖啡豆烘淺一點叫藍山，烘深一點叫哥倫比亞，烘到燒焦叫曼特寧。其實藍山不是一種烘焙方法，而是位在牙買加的產地。曼特寧是印尼的咖啡產地，具草本植物的味道。摩卡則是一個港口，在葉門南方，以前從這港口出產的豆子都帶有巧克力香，所以現在商業化的摩卡咖啡通常會加很多巧克力。以上這些以地方命名的咖啡，代表了該產地的獨特風味。

至於我心目中的「咖啡聖地」是哪裡？答案是——衣索比亞，那是咖啡的發源地。我的心願是這輩子一定要找機會去朝聖。

有一種形狀較長又特別的咖啡豆「geisha」，產地就在衣索比亞的Geisha山，這裡產的豆子果實有非常多的果香，味道特別甜，是其他地方望塵莫及的，所以咖啡界把geisha當作精品咖啡的代表，又因為念起來很像英語的「藝妓」，因而又稱「咖啡界的藝妓」。

世界上每一區的豆子味道都不一樣，我鼓勵每個咖啡人繪出一幅屬於自己心中的咖啡地圖，像是中美洲、南美洲、西非、東非、印度、越南、泰國……培養細膩的觀察力，並把它的特色一筆一畫地記下來，讓自己廣交世界各地不同風味的咖啡朋友。

狼的哲學

★我不加糖，也不加奶。黑咖啡是最健康的飲品。

★你知道嗎？光憑喝咖啡，就可以喝出豆子的不同處理方法。

夠愛，就會有夢

擁抱夢想三步曲

曾有人問我：「你是一個很有夢的人。怎麼會有這麼強的力量在支持你？為什麼我連夢想都沒有？」

我把這問題分三個重點回答：

一、我的夢想到底是怎麼形成的？

二、是什麼力量支持我？

三、怎麼找回被你遺忘的夢想？

首先，我的夢想跟所有傻小孩一樣——想當大人。我用各種方式證明我是可以照顧別人的大人。我學習在工作上負責任，學習取得別人的信任，而當我慢慢從工作中得

到成就感，好像可以實現夢想，才積極地追著夢想的身影前進。

其次，當生活不成問題，再談圓夢。要維持最愛的夢想，得有「活下去」的本事，我們可以關心身邊的一切，對所有可以學習的事物保持興趣，不斷增加自己的軟實力，學習放下成見，讓我們的心接受感動，才有熱情去感動別人，這樣的熱情才能永續發光。

最後，你一定也有「什麼」是一聽眼睛就發亮的東西吧？一定有，那是什麼？把「它」找回來。夢想最容易被現實蓋住，為了保護自己想保護的，便「犧牲」了自己作夢的機會。一旦找回了，不妨先放在牆角，不用理它，反正它一步也不會離開，也許現在不合適，但一有機會就可以去擁抱它！別忘記自己是會作夢的人。

事業像愛情，是一種賭注

也許有人想問：「如果你賺不到錢，還能抱有夢想嗎？還會繼續做咖啡嗎？」

我可以肯定地回答：「會，而且我會做一輩子，因為我夠愛！」

如果再給我一次機會，就算打掉重練，我還是練這一招，走這一回，不管過程再苦我都要試，不試才會後悔呢！

我認識一位事業有成的老大哥，他的跑車座椅下總是放著一捆鈔票，一有空，他就去小賭一把。他說，賭光的底限也就是這些了。

我驚訝地問他：「你怎麼不拿去投資、旅行或玩樂？拿去賭，好嗎？」

老大哥笑呵呵地說：「年輕人啊，你們選擇事業、選擇婚姻，不也是賭？我只是賭點小錢，算什麼？你們賭的是命，是一輩子啊！」

我回他：「沒錯，我真的賭很大。」

不過，事業和愛情不但要賭，也還要經營對吧！雖然都不會知道最後的結果，但是投身在自己愛的工作，就算真的輸光光，也賺到了開心的過程，不是嗎？

選擇最適合自己的創業模式

許多人一聽到「精品咖啡」，覺得我好像是在談金字塔頂端，彷彿那是很難抵達的境界，都問我：「如果是『中間一帶』的人想開咖啡館，你會給什麼建議？」

我的回答是：「直接加盟。」

加盟的好處是有個制度幫你管理，你不用擔心，也不用花費太多的力氣，就能擁有一家店。

大家聽了鬆一口氣，終於有比較可執行的方法了。

其實創業跟玩「賓果」遊戲很像。怎樣才會贏？玩賓果時，你得先把自己的線完成，再靠別人幫忙；創業也一樣，先把自己的計畫和本分做好，別人再幫你就容易了。

狼的哲學

★我學習在工作上負責任，學習取得別人的信任，而當我慢慢從工作中得到成就感，好像可以實現夢想，才積極地追著夢想的身影前進。

★要維持最愛的夢想，得有「活下去」的本事。

★夢想最容易被現實蓋住，為了保護自己想保護的，便「犧牲」了自己作夢的機會。一旦找回了，不妨先放在牆角，不用理它，反正它一步也不會離開，也許現在不合適，但一有機會就可以去擁抱它！

跟我一起走

PART 3

把自己當老闆看，你就會是店長

把員工訓練成未來的老闆

某日，一位即將開店的朋友問我：「你是怎麼找員工的？」這的確是一門學問。

早在開店之前，我就把自己和員工之間的關係界定為「夥伴」。由於每個人的想法、信仰、個性等不同，但又得長時間相處，觀念要相近才行，所以我都親自面試，希望找到志同道合的夥伴。

一個員工從上班的第一天起，就已經決定他將來會用什麼心態工作。「我是領薪水的，來玩樂的」，跟「我以後要開店，是來學習的」截然不同。如果你把自己當老闆看，將來就會是店長；如果你不把自己當老闆，永遠是員工。

曾有員工說，當初面試被問到「將來想不想自己開店」時，還以為是陷阱題，猶豫著該如何回答。

其實，我不怕員工「翅膀長硬了」之後出去開店，相反地，我很欣賞「想開店」的人，我希望把員工訓練成未來的老闆。

我曾拿一支掃把和畚箕給應徵者，佯裝自己很忙，對他說：「麻煩你先幫忙掃一下外面好嗎？」

多半的人只掃到門口，一部分的人掃到庭院裡，只有極少部分的人會掃到馬路邊。在我看來，「掃得愈遠的人，日後的職位愈高，扛的責任愈重」，這句話的確可以在後來實際的工作中獲得印證。如果員工能把店裡的環境當自己家一樣細心打掃，工作自然也會做得很好。

「你們想不想證明自己？」

我店裡的員工全都是二十出頭，非常棒的一群年輕人。我告訴他們，我找到一條「咖啡路」，這一條路又溼又滑，但我有信心走過去。我問他們：

「要不要跟我一起走？」

未來怎樣，我不知道。但可以確定的是，失敗了不會有人受傷，只是回到原點而已。

不怕你有玩心，只怕你沒企圖心

早期，我曾跟過一位老闆，有一天他突然說：「Jacky，我不會教你咖啡，也不會教你烘豆子……」

我疑惑地問：「為什麼？」

他回答：「你太愛玩，企圖心太強，野心太大了。」

我聽了非常難過。他所謂的「玩」是指愛品嘗、測試咖啡，但我心想，做咖啡當然要「玩」啊！

如果你叫我怎麼做我就跟著做，充其量只學到基本的做法而已，豈不成了十足的「匠」？

如果我不練習、不做實驗、不能運用自己的想像、沒有自己的想法、沒有靈魂、沒有生命、無法累積經驗……怎麼跟別人說我喜歡咖啡？

如果一個員工有企圖心老闆會怕，那麼員工在這個店也沒有什麼能力繼續成長，我也沒前途了。

後來我就離開了。

做一匹主動進攻的狼

我突然想到「狗」和「狼」的區別。

大部分的狗受主人控制，主人要你往右就得往右，往左就得往左，屬於被動式的一種學習。

如果狗是「守」的話，野狼天生就是「攻」，牠看到要的東西會想追求。

那麼，我該如何去抓獵物？是靠別人帶我，還是我自己去？

我想用自己的雙腳去抓獵物。沒有獵物，我就去尋找，一旦發現就追逐，咬住就不放，進攻我的夢。

沒有捕捉不到的獵物，就看你有沒有野心。

獵物，就是「理想」。

養狗只能幫你拉雪橇，但狼卻可以幫你找獵物。

如果老闆只希望一個幫他拉雪橇的員工，找一隻狗就好。

我是狼。

狼的哲學

★如果你把自己當老闆看，將來就會是店長；如果你不把自己當老闆，永遠是員工。

★假如員工有企圖心老闆會怕，那麼員工在這個店也沒什麼能力繼續成長。

★沒有捕捉不到的獵物，就看你有沒有野心。

「握咖啡」的夥伴們，有自己的鮮明特色 。

面試時，先喝一杯咖啡

「你平常喝什麼咖啡？」

若說面試有什麼儀式，通常我會請他們先喝一杯咖啡，邊說話，邊觀察他們的態度和反應。

我面試的考題不外乎：「你平常喝什麼咖啡？」

假設來面談的人回答平日喝「拿鐵」，我會問他：「店裡黑咖啡比較多，要不要試喝一杯？」

如果他願意，喝完後還分享風味和口感，我會考慮錄用；如果他不喝，或臨走前囫圇吞棗一口氣喝完，表示這人沒什麼品味，那麼訓練他有一定的困難度，我不會錄用。此外，餐飲業的薪水不高，如果他連做都還沒做，就計較價錢、分紅或年假等等，我也會慎重考慮該不該錄用。

只要有心，我都接受

就舉店裡Linda應徵的例子來說吧。

Linda在大學念的是土木工程，但想找與所學毫不相干的咖啡館學習。她在網路上看到我們徵人竟「不限條件」，加上事前到店裡勘查，覺得環境舒適單純，就過來了。Linda完全沒有喝咖啡的習慣，於是我請她喝一杯，她喝了以後，對咖啡的看法完全改觀！她說：「可能過去喝到了不好的咖啡有陰影，現在喝到這一杯，感覺像喝果汁。」

在面試的過程中，我問她：「你有沒有夢想？如果沒有，就不要來這裡浪費時間。」

Linda告訴我：「我將來想開一家咖啡館。」

我說：「咖啡館的工作很累哦！你可以嗎？」

她回答：「可以！」

我心裡是希望她能來上班的，但在結束面試前，對她說：「你先不要答應，給你三天的時間思考，考慮完再打電話給我。」希望她能充分考慮清楚。

隔天，她就斬釘截鐵地回覆：「我想來上班。」這表示她熱情、有衝勁，我就請她直接來上班。

即使她年輕、社會歷練不夠，但只要有心，我都接受。

會「修」咖啡的，才是咖啡師

Linda剛開始學沖煮時，常把咖啡煮成了苦味。我要她思考：「咖啡為什麼變苦？原因是什麼？」她慢慢發現了，原來溫度高、萃取時間太長、攪拌太多……都是關鍵。由於我規定「咖啡不能倒掉」，她在初學階段，一天要喝掉五杯以上。

有一次，她準備把一杯沒有分層的Cappuccino送去給客人，被我當場攔截下來。我問她：「你確定要端給客人喝嗎？」

冰的Cappuccino調飲應該是層次分明的（上層奶泡、中間咖啡液、下層牛奶），但她覺得反正客人喝的時候還要攪拌，咖啡液沉在下面一點應該沒關係。

我搖著頭。「不對，Cappuccino不該是這樣，重做。」

我認為客人拿到的每一杯咖啡，都是咖啡手用心創作的作品，必須完整，如果不完美，就不能端上桌。我把Linda罵了一頓，因為她忽略了客人對咖啡的要求和喜愛。

重煮時，我全程盯著她。也許是我在旁邊讓她很緊張，幾乎每杯都煮壞了，後面客人的點單塞車，但我沒放過她，指導時聲音很大，直到煮好為止。

後來她到工作室哭了，我也覺得自己太凶，進去安慰她。

事後，我對她說：「我的用意是希望你趕快學起來。」

Linda則告訴我：「剛剛很難過，但在那麼多客人面前還是硬撐，我提醒自己不能流眼淚，不然客人還以為我煮的咖啡很難喝呢！」

我聽了忍不住笑了，在那當下還考慮客人的感受，的確不錯。

但在同時，我也告誡她：「咖啡手不等於咖啡師。會做咖啡的是咖啡手，會『修』咖啡的才是咖啡師。」希望她銘記在心。

現在她是店裡的副店長。

老闆的使命感

有一次回宜蘭，剛好看到鎮上有店家張貼徵才廣告：徵麵包二手、學徒。由於地點不錯，我特地停下腳步看了幾眼。

店裡人影稀疏。這家店開了快兩年，但生意一直沒起色，為什麼呢？

我好奇地走進店裡，沒有熱絡的工作人員，也少了該有的招呼，只見一個員工有氣無力地含糊說著：「奶油麵包，買一送一喔……」便隨手買了兩款。

回家後，我和家人各吃一種麵包，答案昭然若揭——原來是產品有問題。

這些麵包看起來很大，但裡面空空的，師傅為了讓它大，反而失去了品質，為了讓它軟，反而失去口感。以客人的角度看，這些麵包確實沒跟上台灣餐飲業的腳步。

我一向很在乎新人的基本訓練，應徵進來的新進員工，我都親自教學，希望他們除了工作，還能夠學到更多，精進自己。吃了這一家的麵包，我開始擔心，如果有人看了廣告去當學徒，能學到什麼？花一樣的時間去磨練，如果沒有辦法讓他更上一層，豈不可惜了年輕的生命！

狼的哲學

★對於員工，即使年輕、社會歷練不夠，但只要有心，我都接受。

★咖啡手不等於咖啡師。會做咖啡的是咖啡手，會「修」咖啡的才是咖啡師。

其他老闆不教的事

恨鐵不成鋼，我氣到把尺都打斷

在我的員工中，另一個亮點是Sandy。

第一眼看到她時，我覺得她像個小孩子，因為她個頭嬌小，而實際年齡的確也很小。Sandy告訴我，雖然她考上了大學，但不愛念書。她覺得念書只是為了將來找到一份自己喜歡的工作，但她現在就已經找到了，希望我可以教她。

「我想跟你學咖啡，可以嗎？」她問。

但她畢竟還是學生，我擔心這份工作讓她的學習因此中斷，要她先取得家人的理解。後來她徵得了家人的同意，就做了下來。

Sandy之前曾在台灣一家知名的咖啡連鎖店上班，但義式咖啡機的使用跟我們不同，我不斷導正，希望她融入精品咖啡的流程。

我注意到她也刻意要忘記過去的製作方式，讓自己歸零，但剛開始有點難，像「萃」這個動作總是做錯，而做錯的咖啡，她得喝下去，一天之內她喝到快吐，我雖然心疼，仍不罷手。

有一次教拉花，同樣的錯誤，Sandy一犯再犯，我有股恨鐵不成鋼的憤怒，忘記她是初生之犢，一手拿起旁邊的尺往桌上打下去，那把尺當場斷成兩截。她嚇壞了，含著眼淚，但沒有退縮。我繼續教，她繼續學……效果出來了，從此以後，她再也沒有犯過那個錯。

事後，Sandy對我表示很感激我。她說：「雖然被罵很難過，但我很高興你沒有看輕我。」

我一聽，愣住了。她怕被我看輕，為什麼？

她說：「面談時你曾經說過，時下很多年輕人做事草率，不負責任，常半途而廢。我希望自己不是你眼中的那種年輕人，我願意學習，願意負責。」

謝謝你們懂我

我教學非常嚴格，雖然很多同事在臉書留言發洩，罵我「沒血沒淚」，說我「粉恐怖ㄟ」，要我「手下留情」……但做好一杯咖啡非常重要，不容打折。曾有員工因此被我罵跑，他說想快樂學習，我只好放手。

然而，同樣的嚴厲落在Sandy和Linda身上，效果卻不一樣。事後回想，我處理的「態度」和呈現的「角度」都掌握得不錯，所以沒有後遺症。我的確開罵，但不是罵「人」，而是罵「事」，重點是她們都懂。

解決問題，要付諸行動

Sandy是個很好的女孩，後來的工作表現也不俗，但有一天，她很難過地說：

「Jacky，對不起，我做錯事了……」

我把她拉到倉庫裡，瞭解她犯錯的情形。原來，她問客人今天的咖啡如何，喜不喜歡，客人說不好喝，味道有點苦、有點澀，她竟然回答：「可能是豆子剛烘好，風味不佳的關係。」

這說法實在不好。咖啡會苦，一定是煮的過程出了差錯。

「處理問題不是『解釋』，而是『解決』，而『解決』需要有『動作』。」我說。

聽我這麼講，她眼淚立刻掉了下來。「Jacky，謝謝你，我知道該怎麼處理了。」

下一秒她擦乾眼淚，面露笑容，走回客人面前說：「我重新為您煮一杯咖啡好嗎？」

客人面無表情地說：「不用了。」

Sandy不放棄，繼續問：「需要重點嗎？」

他也不理睬，搖手說：「不用，不用。」

但Sandy仍為他煮了一杯咖啡，並親切地上前再詢問：「您覺得這一杯有沒有比較好喝？」

客人終於笑逐顏開，點頭說：「這一杯可以了！」

Sandy用一杯包含誠懇又細膩的咖啡打動了客人的心，同時挽回這位老主顧。

我親眼目睹她的表現，非常欣慰。

員工最好的福利，是犯錯的機會

Sandy愈做愈好，沒多久，我就把這一家店交給她。

「明天你就是店長，有問題找你解決囉！」

她很訝異，因為她到咖啡館不到一年，升遷速度超出預期。但她也很感動，因為之前她都是小員工，常被當小朋友看待，這還是第一次被重用。

Sandy當店長的隔天，我印了一張帶有頭銜的新名片給她。

「這張名片很輕，承擔的責任卻很重。」我說。

Sandy戰戰兢兢地說：「可是我容易犯錯……」

我告訴她：「老闆給員工最好的福利不是金錢，而是犯錯的機會。」

如果老闆不願意承擔員工犯的錯，怎麼去成就一個很棒的員工呢？相對地，如果一位員工覺得老闆可以接受他犯的錯，我相信他一定會更加努力。

接下店長職務那年，Sandy才十九歲。

用成就感來成就自己

Sandy當上店長後，並非一帆風順，沒多久，她就遇到一樁因新員工態度不佳而引起的「客訴」。

提出客訴的是店裡的會員楊先生，他是這麼寫的：

「敝人很推薦自然醒的豆子，但是非常不推薦現階段某位人員的服務態度。世界冠軍級的大師，烘豆無庸置疑，但好的咖啡館，服務好才是關鍵，這位員工不是忙不過來而服務

不周到，是態度傲慢……」

原來，那天楊先生詢問現場是否有咖啡豆時，這位新進員工說「有」，楊先生繼續問：「什麼時候烘的？」其實他要的答案是烘豆日期，但新同事態度有點敷衍地說：「我們的豆子都是剛烘好的……」連續回答三次；就在這時，這員工認識的一位熟客進門，他馬上轉而招呼剛進門的熟客，完全忽視眼前的楊先生……

當時我人在國外，聽到這消息的第一個反應是——如果我是楊先生，我也會生氣！我告訴Sandy：「想想人家為什麼會客訴，是希望我們更好，這樣的客人應該珍惜。」

我曾對員工說：「只要有客訴，我一定支持你；如果與客人發生爭執，我會站在你這一邊。」但是這一回，我把這個問題交給了她，「現在你是店長，由你來處理。」

我把員工放在第一線是要讓他們知道，「我不會罵你，但你不能逃避」，因為這時我在意的不是員工的對錯，而是想藉機訓練他們解決問題的能力。

後來，Sandy打電話向客人道歉並感謝他的意見，同時親自送豆子到對方的公司，承諾下一次會更加注意。

這次的豆子由公司吸收，因為服務態度有問題，代表教育訓練有瑕疵，這是公司該扛的責任。幸而事情後來圓滿解決，我們留住客人，而處理這件事的Sandy也得到成長的機會，建立起了自信，雖然受了傷，但這是光榮的印記。

咖啡這一行是很「活」的工作，每天要面對各種不同的客人，一旦做好了，對這份工作會有更大的向心力和成就感。我常鼓勵他們：「要用成就感來成就自己。」

「下一個老闆」的潛力

Sandy當上店長沒多久後，適逢高雄大港盃的烘豆賽，為了挑戰自己的能力，她決定報名參加。

離比賽只剩不到一個月了，我開始為她做密集訓練，她也很認真地投入學習。雖然那次的比賽，她沒有得到名次，但是在整個參賽過程中，她的烘豆技術大為精進。

Sandy的成長，直接反映在客人對她的信任。

以前客人到店裡都問：「Jacky在嗎？」如果需要介紹豆子都說：「叫Jacky來。」但是現在，那些客人到店裡已經不再找我了，而是問：「Sandy在嗎？」需要介紹豆子時也都說：「叫Sandy來。」她非常開心，我也是。

其中一位常客是個二胡老師，他有好一陣子沒來了，Sandy問他最近怎麼了，原來他出了車禍，在家休養，現在好很多了。又聊了一會兒近況，他對Sandy說：

「我這麼久沒來，感覺你變了。一年前，你像一根不起眼的小草，靠在Jacky這棵大樹底下；現在的你像看得見的小樹，可以照顧下面的小草了。」

Sandy靦腆地笑著，這應該是對她最大的肯定了。

Sandy應徵時，曾表明她和男友有開咖啡館的夢想，當時我表示：「如果你們將來開店，我會全力支持。」她感動得快哭了。

現在的她，我相信已擁有煮咖啡的技術和解決外場問題的能力，具備了成為「下一個老闆」的潛質，這會是她熱情投入咖啡產業最大的原動力。

狼的哲學

★處理問題不是「解釋」，而是「解決」，而「解決」需要有「動作」。

★老闆給員工最好的福利不是金錢，而是犯錯的機會。如果老闆不願意承擔員工犯的錯，怎麼去成就一個很棒的員工呢？相對地，如果一位員工覺得老闆可以接受他犯的錯，我相信他一定會更加努力。

★我把員工放在第一線是要讓他們知道，「我不會罵你，但你不能逃避」，因為這時我在意的不是員工的對錯，而是想藉機訓練他們解決問題的能力。

是員工，也是家人

支持員工自己開店

有許多人質疑：「你難道不怕將來員工出去開店，讓你自家的店受到影響嗎？」我不怕。

我不怕競爭，如果我的員工在這裡做三年後要出去開店，表示有實力，有機會成功，我不支持他要支持誰？

以前店裡有一個做甜點的員工突然離職，自己開了店。他離職的過程太過突然，讓我有點措手不及。事隔一段時間，我到他開的店消費，問他有什麼需要幫忙的，同時試了他的甜點，感覺不錯。他也是年輕人創業，後來店裡需要甜點就直接請他供貨，他非常感動，我們現在的互動非常好，如果有會議需要甜點，他也願意幫我做。

這幾年，咖啡文化起了微妙的改變。以前的老闆不肯教技術，感覺被別人學去，自己就沒行情了。但現在的吧檯手很樂意秀絕活，甚至「拉花」都像即興表演般，觀眾安靜地坐在前面，欣賞他們心無旁鶩地投入在一杯咖啡的調理，對於相關知識不但不會故作神祕，反而積極地傳達產地、來源、風味等訊息，讓客人感受咖啡的魅力。這是價值觀的轉向，過去「敝帚自珍」的想法已被淘汰，咖啡進入百家齊放的時代，就像民眾走進花園不會只想看最美麗的一朵花，而是一片花海。

專業技術的肯定

我和店員的關係並不像老闆對員工，而是比較像家人。我常說：「老闆並不是高高在上，如果我有錯的地方，你們也要告訴我。」所以員工們不叫我「老闆」，而是叫我「老大」。我非常喜歡他們，把他們當弟弟妹妹。我在店裡沒有架子，大家相處很融洽，常開玩笑，甚至搞笑，例如我在國外教學時，會把所見所聞PO上群組，他們就模仿，還很阿Q地說：「不出國也可以跟你一樣！」這些可愛之處總讓我笑到不行。

此外，我更重視他們在專業技術上的成長。店裡的員工只要工作滿一年，我都會免費送他們去考「國際認證」，費用五萬塊左右，希望他們在這裡除了付出心血、拿到薪資之外，還有額外的獎勵，這種學習獎勵往往比金錢來得重要，對我的店也會推廣得更順利。

拿到「國際認證」是一種肯定，對他們的人生有莫大的幫助，將來會是他們最好的資產。

沒有你們，我什麼都不能

曾經有位前輩問：「為什麼你要花這麼多時間和金錢在員工身上？」

我說：「他們不是員工，是家人啊！沒有他們，我什麼都不能。」

是他們幫忙守住根本，讓我無後顧之憂地去教課、去開其他的店，所以賺的紅利，一部分留下來拓展公司業務，其他的就與大家分享。我們常辦聚餐和旅遊活動，一旦賺錢馬上分紅。

我希望在良好的制度下，員工可以感受到溫暖，因此店裡的員工都非常認真地做，吧檯手的薪水可能是全高雄數一數二的。

得民心者得天下，如果得不到員工的心，他們在後面扯後腿，老闆也無法往前衝。

狼的哲學

★我不怕競爭，如果我的員工在這裡做三年後要出去開店，表示有實力，有機會成功，我不支持他要支持誰？

★曾經有位前輩問：「為什麼你要花這麼多時間和金錢在員工身上？」我說：「他們不是員工，是家人啊！沒有他們，我什麼都不能。」

那些令我印象深刻的客人

店裡有一些特別的客人，他們讓我印象深刻的原因並不是在店裡消費最多，而是把我當作很好的朋友。我會義無反顧地投入咖啡事業，有一部分原因是來自他們的肯定。

像爺爺、奶奶般親切的老夫婦

在我創業前的工作生涯裡，曾有一段時間被老闆派到台南展店。台南的客人中有一對七十幾歲的吳老夫婦，先生是位律師，太太在市場賣菜，他們「懂」咖啡，很有生活品味。很多人說老人家不太會喝咖啡，但他們算箇中好手。

對於老人家，我都特別禮遇，跟他們分享咖啡的方法和對年輕人稍有不同。對年輕人，可以講直白的話，以「教」的方式談；老人家因為歷練多，在心態上我是以晚輩的態度，很虛心地敘述。

我們認識大約四、五年了，大部分是在咖啡館裡互動，平常不會私下聯絡。後來，他們從別人那兒得知我在高雄開咖啡館的消息，常會打電話到店裡問：「Jacky在嗎？」如果聽到「在」，下一句一定是：「我們現在就過去。」

他們每次都帶朋友從台南到高雄喝咖啡、吃早午餐，順便看看我，不時問我：「你有沒有按時吃飯呀？」「要注意身體喔！不要把自己給累壞了！」簡直把我當孫子一樣。七十幾歲的客人在我店裡算是稀客，他們頗有長者風範，謙卑客氣，對店員噓寒問暖。吳老太太吃素，我會把她的主餐改為杏鮑菇和南瓜，吳老先生的主餐則調整為兩份肉類。

由於是老主顧，又遠從台南而來，我總希望多招待他們一些，但他們不要額外的服務，「一切照算，照算，我們不要折扣喔……」每當結帳時就會聽到這樣的婉謝。後來在一次聊天中，我得知吳老先生罹癌，他怕別人擔心，都說：「沒事、沒事。」儘管生病了，他在治療過程中還是常開車來看我，令我非常感動。

我總覺得吳老先生心裡似乎隱藏著一條看不見的線，將我煮的咖啡和他過去的時光串聯在一起，那應該是留在他心底一段美好的回憶，不需要言說，所以他每次來都待兩個小時以上，然後帶著滿足的笑容離開。

下午三點的可愛一家人

另外是一戶四口成員的家庭，先生服務於美商公司，太太在社福團體工作，一兒一女都還在念小學，他們常在週末的下午三、四點來喝下午茶，父母喝咖啡，小孩偶爾也喝，或者吃點心。

這個家庭的每個成員都非常健談，什麼話題都能聊，只要他們一進來，咖啡館就熱鬧滾滾。他們還有一個特點，就是通常出現在客人較少的時段，但只要他們一到，接下來馬上客人「爆表」，屢試不爽。我們認為他們帶財，媽媽聽了也說：

「我兒子的確帶財，他不管走到哪兒，總能為那家店帶來財運。」

身為老闆，當然隨時歡迎他們大駕光臨，但店員卻怕快收店時他們出現，因為肯定要延後下班了。

狼的哲學

★我跟客人分享咖啡的方法依照年齡而稍有不同。對年輕人可以講直白的話，以「教」的方式談；老人家因為歷練多，我是以晚輩的態度虛心地敘述。

「Dear J.」的愛情配方

請幫我尋找幸福

Café自然醒有一款特別調配的愛情配方，叫「Dear J.」。很多人好奇，「Dear J.」是怎麼調配出來的？

故事是這樣開始的：

三年前的某一晚，我和同事在酒館的一個慶功聚會上遇到一位男士，他走過來輕拍我的肩，「你是不是白天在Café自然醒的咖啡師？」

「咦！您認得我？」起先我嚇了一跳，後來想起來了，他早上剛來過，一個人坐在落地窗邊，點了三杯咖啡，因為當天人多，我們打過招呼後就沒多說話了。

「記得記得。」我說。

「我能不能拜託你一件事？這件事真的不太容易……我要一款咖啡豆。」

我很驚訝。這位客人很特別，我對他的印象很陌生，但他對我煮的咖啡卻念念不忘，且深具信心。這是我第一次接受委託製作客製調配咖啡豆，當下覺得很有趣，可以試試。

「請問你要哪一個產地？」

「不知道。」

「那……你要什麼風味？什麼口感呢？」

「我要『幸福』！」

我停了幾秒鐘，我們的訓練都是類具象的形容，沒有抽象的概念，但這反而讓我覺得很有挑戰性。

「但是，每一個人要找的幸福不一樣，我對你的故事不瞭解，請問要怎麼找到你的幸福？」我覺得應該進一步溝通。

「你願意幫我試試看嗎？」我願意，對我來說，不是難事。於是我留下他的臉書，決定幫他尋找幸福。

貪戀味道的女孩

我們足足聯繫了兩個多月，他跟我談了他們的交往過程、一起旅行的點點滴滴，還有共同享用的食物……那是美好的感情見證，尤其「她」喝過他從我店裡訂購的咖啡豆之後，一臉滿足幸福，每見女友心情不好時，他總會想到店裡咖啡的滋味。

我也試著瞭解他的另一半：「她」曾在咖啡館打工，聰明、開朗、個性強、責任感也重，很照顧家人，愛貓、愛書、愛電影，愛紅色的「芝麻街」玩偶Elmo、綠色的動畫主角「大眼怪」，愛吃美食、愛放風箏……最重要的是，她也「貪戀味道」。

我希望對她「貪戀味道」有多一層的認識。於是他繼續說，女孩重吃，到處吃美食，吃之前一定會用鼻子好好聞一聞。

為了找到女友喜歡的咖啡豆，他們一放假就到處喝咖啡，「所以我才出了一個這麼『雫』的問題。」

他說「雫」時，我不禁莞爾。「雫」音同「哪」，是一部以紅酒為主題的日本漫畫《神之雫》，作者用畫作、抽象意涵找尋紅酒……出現在《神之雫》中的葡萄酒後來熱賣，順利買到酒的客人在部落格上分享心得，出現很多形容詞，例如說這酒是「亮麗的深紅色」、帶著「濃郁的蜂蜜香味」、入口有「溫和的果酸味」、香氣淡雅低調散發「溫暖、舒服且沒有負擔的甜味」，適合「慢慢品嘗」……

我猜這位男士是深受這部漫畫的影響，才來找我的吧！

咖啡裡的愛情滋味

然而，他們的幸福似乎還沒來得及長大，好像就快結束，因為女孩要出國念書了。於是，他想找一些共同的味道，繼續陪伴她。

我第一次覺得當下的自己是如此重要，因為這時的咖啡不只是咖啡，那是命運，是溫暖，是愛情……

依著這些蛛絲馬跡，我啟動了咖啡師特有的味覺與嗅覺，找尋他要的味道，希望能留住他的幸福。

我像在實驗室做研究般，開始測試不同的豆子。我想把這款咖啡以美好的、特別的、精美的方式呈現，思考著怎樣的咖啡豆是「甜美的」。

我用「甜美」象徵愛情，希望做出一杯有「姿色」的咖啡，讓女生有被寵愛的感覺，感受到男生的心意。

每次試完，他馬上快遞給她，署名：Dear J.。

「你女友喜歡嗎？」我問。

其中一次他說，她覺得果調要再強一點，厚度要再低一點，我和同事馬上依她的建議做調整。

屬於「她」的咖啡

在調配豆子的過程中，我一開始想像這份愛情具強烈的鮮明風格，有衝擊性，所以選擇高海拔有堅果味的豆子；後來發現，如果味道太硬，很難跟其他豆子搭配，於是改以非洲系較軟、且香氣較高而厚度較低的豆子調配。

從烈強的風味轉為柔和的關鍵，在於我覺得男女關係如果雙方都強烈，則很難相處；若在強烈中，有一方默默地低調釋放自己的風味，營造出一唱一和的氛圍，這種結合反而令人驚豔。

最後，我選用四種非洲系豆子調出一支專屬於「她」的咖啡，它的特

性是以核果甜度為主軸，有柑橘酸，具溫和又不失高雅的柚皮油脂；後段有熟莓果甜，帶有微酸卻又糅著甜蜜……最後做出的「Dear J.」韻味悠長，有獨特的風味但不膩口。

我再問他關於她的感覺，他說：「她真的愛上這支咖啡，喝到幸福的味道了，謝謝你！」

終於大功告成。

化失落為能量

我把辛苦調配的「Dear J.」做給一些常客試喝，每個人的反應都很好，同事建議：「拿來賣吧！就命名為Dear J.！」我從善如流，決定把「Dear J.」保留下來，變成紀念愛情的一支咖啡。只要情侶來消費，我都推薦他們品嘗「Dear J.」的魅力，那酸酸甜甜、變化多端的滋味，擄獲了每一對戀人的心，成為店裡的熱門商品。

不過，一般客人多以為那個J指的是英文名字叫「Jacky」的我，其實那是一個故事裡的女孩。

不可諱言，我做「Dear J.」時，多少投射出內心的愛情在裡面，希望將來交女朋友，也用這一款咖啡讓心愛的她享用。

大學時，我有一個交往了六年的女友，我一直以為我們會結婚。有一天，她安排我跟她的家人吃飯。她媽媽問我：「你是做哪一行的？」

我說：「我是做咖啡的。」

她不太懂，再問：「什麼叫做咖啡？是做貿易還是什麼買賣？」

那時，我在台中一家咖啡館當吧檯手。她聽了之後說：「喔，『站店口』的啊？站在門口招呼客人的工作是嗎？」

「不是。」我耐心解釋，那是在咖啡館裡，站在吧檯後做咖啡給客人喝的咖啡師。

她說：「那就是『站店口』的啊！還講那麼多……」

當時我月薪雖然只有兩萬多，但強調自己很努力，將來狀況會好，希望她答應把女兒交給我。她嘴上說：「好啦！」但表情是不贊成的。

這段感情，最後因女友家人的反對而不了了之。

某日，我們在網路上相遇，彼此聊了幾句。她知道我得到世界烘豆冠軍，對我說：「恭喜你。」我告訴她現在狀況不錯，要開咖啡實驗室與訓練中心，歡迎她有空帶孩子到我的店坐坐。

在結束談話前，我說：「等一下，麻煩告訴你媽，我現在已經不是『站店口』的了……」

這幾年，有很多時候我不願意因困難而放棄最愛的咖啡，並想做出一番事業讓人刮目相看，有一部分原因來自這段過往。我從沒想過一個曾經交往這麼久的女孩，她的媽媽會因為我的職業而反對我們在一起。

我想證明，即使是一個「站店口」的，有一天也能站上國際舞台，光耀門楣。

穿越時光隧道的氣味

調製「Dear J.」時，我是抱著希望「有情人終成眷屬」的心情，誠心誠意地做，至於後來他們是否開花結果了?由於男人一年前就沒再訂豆子，電話也沒人接，找不到人了……不過，氣味能引領我們穿越時光隧道。相信多年後再談起「Dear J.」，我仍會記得，這位男士和他的「幸福」。

狼的哲學

★「Dear J.」的調製，讓我第一次覺得身為咖啡師的自己是如此重要，因為這時的咖啡不只是咖啡，那是命運，是溫暖，也是愛情。

★有很多時候我不願意因困難而放棄最愛的咖啡，並想做出一番事業讓人刮目相看，有一部分原因來自於我想證明，即使是一個「站店口」的，有一天也能站上國際舞台，光耀門楣。

服務的真諦

把咖啡館的地板當床

某天晚上，我回家後發現鐵門的喇叭鎖壞了，打不開。當時夜已深，根本沒辦法叫鎖匠，左思右想，唯一能去的地方只有咖啡館。我很累，推開店門，直接睡在地板上，不一會兒便呼呼入夢。隔天一早，我七點不到便起來，梳洗一番，神采奕奕，彷彿是第一個報到的員工。

後來，我跟朋友聊到這件趣事。他驚訝地問：「你睡在咖啡館的地板上？」沒錯，而且我還不只睡過一次呢！另外幾次是因烘豆或工作到凌晨，就像上班族加班到深夜而直接睡公司一樣。

有一次，朋友來高雄找我，說好到我住處借住一晚，但看我忙到三更半夜還不回家，我說：「你乾脆跟我一起在咖啡館過夜吧！」
他一臉疑惑地問：「店裡哪有床？」
我說：「睡地板啊！」
朋友不可置信地反問：「地板？」
我說：「這地板都用手擦的，不用擔心，一點都不髒。」
朋友不信，用手一摸，「嗯！」的一聲，頗為認同地說：「真的很乾淨，簡直不可思議！」
我說：「那當然，因為我都是蹲下來擦地板的。」
朋友睜大了眼睛說：「你是老闆耶！」

蹲下來擦地板

剛開始看我蹲在地上擦地板，店員也很驚訝，但看了一個禮拜便跟進。店裡雖然有拖把，可是很多死角擦不到，只有蹲下來擦才有辦法。萬一手擦地板還擦不乾淨，我會建議用酒精噴，例如有些客人的鞋底生膠，踩在地板留下鞋印，就用這方法。我覺得擦地板是很重要的表現，如果連地板這麼顯而易見的地方都管不好，看不見的角落可想而知。

由於店裡的地板非常乾淨，因此常有客人問：「這家店是新開的嗎？」聽我說有兩、三年了，都忍不住讚歎：「真的喔！好乾淨。」我注意到客人的表情，一臉滿意。

我認為「乾淨」是一家咖啡館最基本的要求，畢竟是餐飲，衛生條件非常重要，一家店乾不乾淨，可以反映老闆和員工做事細不細心，如果店的每個環節都細心照顧，那麼員工對客人也會多一分體貼。要是一家咖啡館連衛生都做不好，你認為豆子的處理會乾淨嗎？環境乾淨是外在的表現，但豆子乾淨是內在的表現。

我曾聽聞一位開咖啡館的朋友說，有個客人帶著筆電進門，顯然他想邊喝咖啡邊打稿。客人問：「有插頭嗎？」

我這當老闆的朋友說：「有，在沙發底下。」

客人一拉開沙發，發現有幾隻死蟑螂，表情頓時僵住……

其實這家咖啡館的老闆是個非常注重清潔衛生的人，沒想到負責打掃的員工只做表面工夫而已，我相信這時客人還沒點餐，印象分數已經打折扣了。

吧檯乾淨到可以躺下來睡覺

我注重清潔的個性，貫徹到了所有細節。

我們的咖啡豆都拿去做成分化驗，檢驗有沒有赭麴毒素，而我的咖啡豆都是「未檢出」，這些檢測結果我馬上在臉書告訴所有的客人，希望他們安心食用，這是我對客人負責任的方式。

在我店裡有三樣東西是乾的：玻璃、地板和不鏽鋼廚具。玻璃不擦乾會有水漬，地板不擦乾很危險，不鏽鋼廚具溼了會有水斑。還有，員工拿杯子的手可能造成交互感染，所以手也必須乾淨。另外，專門的布要專門用，例如義式咖啡一定放三條布，一條擦奶泡口、一條擦杯子、一條擦水，這三條布每天都會用熱水燙過。地板則是定期用消毒水擦一遍。

我常告訴夥伴們，做任何餐點，一定要乾淨俐落，不屬於杯盤裡的東西不能放進去，包括指痕。

我另外一個要求是：當你離開吧檯前，這一區應該乾淨到可以躺下來睡覺——我睡的感覺就跟我家的床一樣乾淨。

「乾淨」是最基本的要求

我覺得咖啡館應該像個家，當客人走進咖啡館就像到我家作客，至少地板要乾淨。

店裡的吧檯採開放式，你可以把它定位為家裡的「廚房」，一個開放式的空間，主人可以一邊做菜，一邊跟坐在餐桌前的客人聊天，客人站起來便看得到主人，也看得到廚房的食材衛不衛生、新不新鮮……彼此輕鬆自在地閒話家常，搭起一座無形的舞台，暢所欲言。

我把每樣餐點都當成為父母、兄弟姊妹準備的，我為他們買什麼材料，就拿這些招待客人，所以食材也都安全無虞。咖啡也是一樣，放心給自己父母親喝的，才能給客人喝。

我們的店六點打烊，打烊後開始大清掃，隔天一早客人進門，迎面而來的是清新的空氣。

咖啡是一種服務業，至少我認為把咖啡館打掃乾淨，是服務客人很重要的一環。

狼的哲學

★我都是蹲下來擦地板的，因為我覺得擦地板是很重要的表現，如果連地板這麼顯而易見的地方都管不好，看不見的角落可想而知。

★我覺得咖啡館應該像個家，當客人走進咖啡館，就像到我家作客。

別讓客人不開心

爬上去擦窗戶的年輕人

什麼叫「服務業」？我常被問到這問題。

先講一段往事。那時，完成台中展店的任務後，我被派到了台南，尚未到職前，某日恰巧南下，便順道探訪這個新環境。

到店時，剛好看到玻璃窗外張貼著一些無關緊要的廣告貼紙，我馬上脫下外套，直接爬上去撕下來。那是暮冬，南台灣的氣候帶著寒意，剛好有幾個媽媽坐在店裡喝咖啡，她們看到這一幕，以疼惜孩子的心情叫住我，「年輕人，外面好冷，進來進來！」但我堅持先把貼紙的痕跡擦乾淨，直覺對這家店的形象比較好。

那一次只是短暫的停留，但回來聞聞衣角，都聞得到台南朋友濃濃的人情味。

正式接下台南店的任務後，又遇到那幾位媽媽來喝咖啡，她們憶起了這一幕，問：「咦？你不就是那個爬上去擦窗戶的年輕人嗎？」

「對，我現在是這家店的店長，請多指教。」

「會的會的，我們會常來。」為了以實際行動支持我，她們真的經常光顧。

後來，我跟朋友提起這件事，他們問我當初為什麼會攀上去撕下廣告紙？我當然熱愛咖啡這份工作，但「熱愛」只是讓現狀更為安全，「熱情」才是動力。我的企圖心很強，抓住機會就想表現。我打從心底希望這家店好，哪怕是撕一張廣告紙都不放過。

給客人最滿意的咖啡

還有一次，客人覺得我煮的咖啡不對勁，但也沒點出哪裡出了問題，只是含糊地說：「這杯咖啡的風味應該可以更好……」

我二話不說再煮一杯，對客人說：「麻煩您再試試看好嗎？」過了一會兒，再上前問那位客人：「第二杯有沒有比較好？」

他回應：「對，真的比較好。」

我馬上謝謝他的指教。

如果遇到客人嫌豆子不夠好，我會立刻說：「我換一包新的給您。這包豆子好不好？我們一起喝！」直接用新的豆子煮給客人喝，若客人覺得新的這包的確比較好喝，我便馬上給他。

為了讓產品延續下去，我一定給客人最滿意的咖啡，不讓他們留下不好的印象。我覺得能讓客人對產品滿意，又能跟他們建立長久的關係，這才是最重要的。

不好的服務，一定讓你失敗

舉這些例子是要說明，我遇到問題都會設法解決，不讓它擱著。其實「解決不好」也是一種解決，我也會給自己犯錯的機會，因為我也需要成長。

記得以前在華山時，邱大哥曾叮嚀我：「不要得罪客人。好的服務不一定使你成功，但不好的服務一定讓你失敗。因為你不會

只得罪一個人，而是一群人——他的家人和朋友，以及家人的朋友和朋友的家人……從一個家庭擴散到好幾個家庭。」

我也永遠記得邱大哥說的這句話：「客人如果不喜歡我們的咖啡，要煮到他滿意為止，因為我們不只是留住這個客人，而是留住一群人。」

儘管如此，服務業除了服務客人，還賣專業知識和技能，因此姿態不用低，不用九十度鞠躬再慢慢退後，不用跪下來幫客人點餐。就像嚴長壽先生說的：「服務業是紳士小姐服務紳士小姐，平起平坐的意思。」我則強調，讓客人感覺親切是最重要的事。

狼的哲學

★「熱愛」只是讓現狀更為安全，「熱情」才是動力。

★我遇到問題都會設法解決，不讓它擱著。其實「解決不好」也是一種解決，我也會給自己犯錯的機會，因為我也需要成長。

★服務業除了服務客人，還賣專業知識和技能，因此姿態不用低，不用九十度鞠躬再慢慢退後，不用跪下來幫客人點餐。讓客人感覺親切是最重要的事。

溫暖人心的動作

服務不只是針對客人

咖啡館的營運上軌道後，我也開始將店裡的服務精神擴大至其他領域。

有一次，朋友無意間跟我提起了「匠愛中途之家」，那是由一對從香港到高雄服務的牧師夫婦所成立的，他們在岡山的偏遠鄉下租了一間廢棄學校作為場地，收留社會上吸毒、腦麻、精神異常或被家人放棄的孩子，總共有五十幾個人住在那裡。他們養一些雞，生下的蛋拿去賣（那些蛋連自己吃都不夠），後來還租下冰廠做冰淇淋販售。牧師的年紀才四十歲左右，一輩子都將自己投入在台灣這片土地，但他們夫婦不願意社會大眾可憐他們，而是希望看到孩子們自力更生，用被社會認同的實力賺錢。

我聽說這件事後非常感動，很希望自己也能盡一點力。後來得知，由於有觀光客會去那裡，他們想蓋一間咖啡屋，同業都信任我處理跟咖啡有關的任何想法（這令我非常感動），問我可不可以教他們做咖啡，我當然非常樂意！我覺得在社會上賺到錢，應該回饋。

牧師問我費用收多少，我說不用錢，只要派人來「學」就好。

我認為，如果是因同情而做出的捐助不可靠。捐錢也許能解決一時之急，但容易讓他們以為可以不勞而獲。只有學到技術和技巧，為他們上一堂「自食其力」的課，未來的路才會持久。就像我讀過的一個故事，大意是「行善的出發點在於引路」，這樣才能使被幫助的人也有尊嚴。

他們派了一個年輕人來，讓我們教他怎麼做、怎麼品嘗、怎麼賣給客人喝，他都很認真地學。後來，我還把一台專業咖啡機半賣半送給他們。牧師知道了以後都快哭了。我告訴他：「你都從香港過來了，而我能做的只有這樣而已，根本不足掛齒啊！」

好的服務精神有傳染力

藉由這個機會，我想讓店長有領導和教學的歷練，另外讓這群社福團體的孩子有謀生能力，便對店長Sandy說：「我把這群人交給你，希望你訓練到他們都會做咖啡為止。你只要負責教學，其他像咖啡豆、牛奶等費用我會出。」

但Sandy說：「不用。」她也願意服務這一群人，費用她要自己出。

我突然感覺到，好的服務精神有傳染力。我們行善不會希望得到回報，就像香港牧師一樣，但總有第三者為這舉止所感動；我受牧師的影響，店長受我的影響，我們從付出中得到快樂，都覺得共同完成了一件有意義的事。

跟老朋友道別

店裡準備把用了三年的舊機器送到「匠愛中途之家」時，我另外買了一台新機器。新機器送來那一天，全部員工都圍著它轉，但Sandy一個人在外頭擦拭舊的咖啡機，我則清理著也要一起送走的磨豆機。

我問她：「新咖啡機不喜歡嗎？怎麼不去玩玩？」

她說：「我很喜歡啊！但我的『老朋友』要去新的地方工作，我在跟它道別，希望對方拿到的是一台乾乾淨淨的機器，跟新的一樣。你不也在跟磨豆機道別？」

我們的「送機」，包裹著的是另一種服務精神。

一碗清湯，體貼無限

還有一種特殊的服務精神，不是外在表現，而是溫暖人心的動作。

幾年前，我常到一家麵店，那時我離家遠行，因為人在外地，只好依存小店過活。有一次我點了乾麵，只見乾麵上桌附贈了一碗沒料的清湯。後來我注意到，這位老闆都會送給客人一碗額外的清湯。

過了一陣子，我終於有機會和年近半百的老闆談天。問他為什麼要送湯，老闆說，這攤子早期由他父親經營，很多清苦的客人總是吃飽就好，沒有多餘的錢買湯，但吃麵容易口乾，他乾脆送碗湯。

「清湯而已，沒什麼大不了的！」

聽了這番話，有些想法在我心裡滋長、發酵，深深顫動著。

其實我不愛喝湯，特別是外面的湯大部分加很多味精，喝了常會造成舌尖發麻、喉底乾涸的感覺，所以多年來我養成了不亂喝湯的習慣，不論是加了什麼料，總覺得虛情假意。但是我對「清湯」情有獨鍾。

經營咖啡館後，我再度光顧那家麵攤，當老闆端出清湯時，端坐在椅子上的我連忙站起來，鞠躬道謝。

光這碗「貼近人心」的清湯，就道盡服務的真諦。

狼的哲學

★因同情而做出的捐助不可靠。捐錢也許能解決一時之急，但容易讓他們以為可以不勞而獲。只有學到技術和技巧，為他們上一堂「自食其力」的課，未來的路才會持久。

★有一種特殊的服務精神，不是外在表現，而是溫暖人心的動作。

邁向世界冠軍之路

PART 4

我喝不到柑橘味

咖啡品質的鑑定者

「你為什麼想考杯測師？」

二〇一二年秋天，我即將前往香港考試，那陣子常被問到這問題。

很多人說：「考杯測師要十萬耶！你不會省下來買機器、買豆子嗎？」

還有人問：「杯測師對店裡的生意有幫助嗎？」

我不知道有沒有幫助，但考證照不是重點，重點是它提供一套系統教學的專業課程，讓參加人員辨別從生豆到最後一杯咖啡的優劣。

「杯測師」又稱「咖啡品質鑑定師」，主要工作在為生豆的品質把關，基本上都是業界的人才會去考，專門檢測咖啡豆素質，制訂指標讓買家和用家參考。

杯測師的證照有點類似丙級認證，繳費後得先接受一套系統教學，才有機會考過。獲頒證照之後，杯測師每三年需要經過一次杯測校正，以確保執照有效，類似其他行業要進行研習學分一樣。

以土地面積來說，台灣算是杯測師密度最高的地方。到二〇一四年十一月二十日為止，台灣有二百三十八位杯測師、香港五十位、日本二百五十二位，而在二〇一二年還只有個位數字的大陸，已達二百一十八位。

不能再繼續這樣下去了

我在不同階段遇到的老闆，對我的咖啡觀念都有不同的啟發，但共通點是「土法煉鋼」，要我一直不斷地練習。

以「烘焙」來說，老闆給你烘好的豆子樣板、呈現什麼顏色，烘豆師拿去對照就是了。在「品嘗」方面，土法煉鋼的方式告訴你，聞到這味道叫「柑橘味」，然後拿一支「耶加雪菲」說：「這有柑橘味。」

我喝到了第三年還這樣問客人：「這一杯有柑橘味，喝到沒有？」其實我自己根本沒喝到，但因為書上這樣寫，老闆這樣說，我一定得相信才行。

我甚至還煞有介事地跟我爸介紹：「這咖啡有一股柑橘味……」他努力品嘗，一臉疑惑，「沒有啊！怎麼都沒喝出來？」一度懷疑自己的鼻子有問題。為什麼我喝不到「柑橘味」？我一直在找答案。後來發現，當豆子不夠好，烘也烘不到位，「柑橘味」的香氣就不鮮明，根本喝不出來。

當時我開玩笑說：「賣咖啡就像神棍——老闆講的我沒喝到，我轉述的別人也沒嚐到，那不是跟神棍一樣嗎？」

建立自己的資料庫

其實，每一位老闆的教育程度和對咖啡的品嘗都不一樣，怎麼可能出現一樣的想法呢？即便每個老闆都可以說好不好喝，卻不能決定豆子好不好。

直到國外系統性的教學出現，教人看色卡、色階和數值量，我才看得懂咖啡的風味呈現和表現。

這項訓練有其道理。因為你每天練習看，即使不知道原理，但當你習慣了它，那就是你的資料庫。

關於味覺和嗅覺，每個人都有獨到之處，味覺和嗅覺不能被開發，但可以被訓練。

舉例來說，假設你的視力很好，不用戴眼鏡就可以看清楚東西的樣子。視力比較不好的人，則可以靠訓練，例如這叫太陽花，旁邊是黃色的，你只要記住它的樣子，即使太陽花從身旁閃過，你沒看清楚卻也能說出什麼是太陽花。

又如一個運動員，如果他是骨骼精奇者，經過訓練當然會變成頂尖的選手；若只是普通人，沒有運動員的體態，經過訓練後雖然不會成為頂尖的選手，但體格一定比以前更強壯。

因為不足，所以要進步

曾有人問我：「既然以往你跟過的這麼多老闆對咖啡的看法都不太一致，那麼，在美國和George Howell一起做杯測

對照「咖啡風味輪」，可以知道每個烘焙度所產生的風味會是什麼味道。

時，你的答案怎麼會跟咖啡大師一模一樣呢？」

其實除了老闆的說法之外，我會另外求證，找答案。我發現，如果你跟隨的對象只是一個人，便容易被他牽引；後來我看書、找資料，結交愈來愈多的朋友，多了很多詢問對象，他們幫我解決疑難雜症，我也有了較深入的看法。甚至有朋友拿很好的豆子給我試，接著進一步討論，當我有了尋求解答的基礎，我就會去學習，這種學習過程讓我對味道更有自信。

但我仍覺得不足。我希望藉由更專業、更有系統的訓練，強化自己的戰鬥力。就像一匹狼，隨時警覺，蓄勢待發。

狼的哲學

★ 關於味覺和嗅覺，每個人都有獨到之處，味覺和嗅覺不能被開發，但可以被訓練。

★ 除了參考老闆所教的，我還會另外求證，找答案。當我有了尋求解答的基礎，我就會去學習，這種學習過程讓我對味道更有自信。

鑑定咖啡品質的杯測師

決定要考杯測師

開店之後，我常跟高雄的咖啡人做交流。在與他們互動的過程中，我體悟到，好咖啡的魅力取決於好豆子。但哪個地方可以教你認識咖啡豆的好壞呢？答案是——考杯測師的認證教室。我認為自己應該去考杯測師，至少別人說的話我聽得懂。

那麼，該找誰瞭解杯測師呢？我上網搜尋，跳出了——Mars黃柏勳。

我從臉書找到了他，留言給他：「請問你的店在哪裡？我可以過去喝坏咖啡嗎？」沒想到使用嘸蝦米輸入法的我，把「杯」打成「坏」，這是「壞」的簡體字，結果變成了「喝壞咖啡」！

他回我：「你要喝什麼壞咖啡？」我很糗，想請人幫忙卻「嗆」人家，立刻向他道歉，「對不起對不起……」

原來，他沒有咖啡館，是因為在網路上賣豆子，才去考杯測師。那時，他已經是杯測師了。他寫道：「我有工作室，你可以過來。」

Mars煮的咖啡真好喝！我在他的工作室聊了一些咖啡事，他表示願意帶我去香港，參加杯測師訓練課程暨認證考試。

瞭解咖啡的專屬語言

杯測師的組織在美國，而世界各地都有人考，全球同一規格。我選擇台灣以外的地區——香港上課、應考，是想聽聽其他人怎麼陳述咖啡這產業，加上指導老師是美國人，我也想聽聽中文以外的其他語言。

杯測也是一種語言——咖啡的專屬語言，可以幫咖啡打分數，以此搭起全世界溝通咖啡界的橋梁，也就是說，雖然各國語言不同，但都建立在相同的檢測標準上。例如某個國家出了一支豆子，當我沒有辦法試喝時，就看「杯測表」，瞭解這支豆子的價格，和商業品評是否相等。品質愈好，價格愈高；若品質不好，但價格高，那一定是市場操作。

十二天的杯測師受訓過程（依進度而定），一共上四十小時的課。考試包括味覺測試、嗅香水瓶、生豆知識筆試、即席杯測及三角杯測五大類，共二十二科。

魔鬼水訓練課

上味覺課時，最令我印象深刻的是所謂的「魔鬼水」訓練。

一千c.c.的開水加上十克的糖，程度屬於甜3；接著把甜3水倒出五百c.c.，稀釋為一千c.c.，此時甜度屬於甜2；重複著甜2的動作，再稀釋到一千c.c.，就是甜1。訓練時，指導老師會把這三種味道打散摻入水中，你得分辨酸、甜、鹹各是第幾級，例如甜3、鹹2、酸1……

練習時，我得一直啜、一直吸，有時喝到快吐，有時也因喝太多舌頭麻痺，反而喝不出味道。我們私下都稱之為「魔鬼水」或「恐怖水」。

考試現場有九杯水，水中放入酸、甜、鹹三種味道，分為強、中、弱三個等級，要你嚐出這三種味道所占的比例。如果你嚐到的水是「甜」的，那是第三級的甜——最甜，代號3；如果你感覺這水「有甜」，屬第二級，代號2；當你的感覺是「甜嗎？應該甜吧！」表示「輕微的甜」，屬第一級，代號1。酸味和鹹味亦是如此。

我剛開始在「魔鬼水」的測試不及格，酸鹹甜混合時，級數會搞錯，好在有補考機會。補考前我刻意整理出方法，結果拿到九十四分。

其實杯測師不必要喝到其他人喝不到的味道，只是比別人容易辨識咖啡的語言而已。例如在威士忌裡喝到的泥煤味，一般人也許不在意，認為是特殊風味，然而若出現在咖啡裡，卻是很嚴重的瑕疵味，因為可能是受污染或生豆保存不良。

三十六種味道，你能聞出幾種？

嗅覺測驗時，老師會拿出三十六個小香瓶讓我們聞味道。

在參加杯測之前，我並不太熟悉這三十六種味道，不過為了通過測試，我強迫自己記憶，這種記憶跟日常生活的體驗有關。

所謂「記憶味道」，對我來說就是「形容味道」。練習時，我當自己在跟外星人進行視訊通話。比如我告訴你這裡有一顆蘋果，並且拿給你看；假設你不認識蘋果，那麼我切開來給你看，你看到裡面有籽，黑黑的；我咬下一口，「喀」，告訴你：「好好吃喔！」你問我是什麼味道，那麼，我該怎麼介紹呢？

由於視訊能傳達的只有視覺和聽覺，無法傳遞味覺和嗅覺，我只好用很多累積的味

道形容，就是不直接說「蘋果」。

我可能會說裡面的水分比水梨少一點，吃起來很脆，甜度像水柿但還高一點，香味像桂花，甚至帶一點蜂蜜的味道，也有百香果的香，它的酸度接近奇異果……用這些形容，如果你有關於水果味道的記憶資料庫都可以拿出來用，以形容詞去形容名詞，用副詞去形容形容詞，或許可以很標準地把蘋果的味道描述出來，這是所謂「包圍式」的形容。

其實三十六種味道並不多，只是為了訓練把嗅覺框住在這三十六種味道而已。這當中不少是日常生活接觸到的，我們需要學會將這味道融入自己並記住，才能在考試中寫出正確的答案。

受訓時，老師把這三十六種味道分成四組，第一組叫酵素反應組（淺焙的咖啡風味），第二組叫焦糖化反應組（中焙的咖啡風味），第三組叫乾餾反應組（深焙的咖啡風味），第四組是瑕疵組（瑕疵的咖啡豆會產生的味道）。每一組有九個味道（即九個香瓶），每一組分門別類便容易記住。

我在香味瓶測驗這部分得滿分，這或許跟我從小就對嗅覺特別敏感有關。

而除了聞之外，挑豆也是重要的基本功，比如有害健康的就一定得剔除。

杯測師考試的啟發

這一次，有三個台灣人、三個外國人考杯測師，其中四人通過。

我如願考上了證照，更和Mars成為好朋友，後來在工作上也有合作關係和經驗分享。

杯測師的訓練，也啟發我要學習更多的知識。二〇一三年，我把握機會參加歐洲精品咖啡協會（Speciality Coffee Association of Europe, SCAE）辦的多項國際認證，包括：感官、生豆、咖啡師、烘焙、黃金杯的研磨與萃取等五大課程，我把基礎級、中級，以及專業級的認證都拿到了。

拿到級數後，我又考SCAE訓練員及考官資格，所以我現在是國際考官。而由於我和Mars都是在台考官，後來成立了一間咖啡教室，辦一些教育課程。

我常開玩笑說：「我是有牌的神棍了。」

狼的哲學

★好咖啡的魅力取決於好豆子。但可以教你認識咖啡豆好壞的地方，是考杯測師的認證教室。

浪漫背後的科學思考

一杯有科學依據的好咖啡

早期那十年，我烘豆子賣給消費者，消費者毫不懷疑便接受我烘的咖啡豆。後來，「杯測師」的角色出現了，能明確告訴客人咖啡是好是壞、有沒有價值、該怎麼挑選好咖啡、豆子烘得對不對、品質好不好……廣義的解釋，就是用來評定咖啡優劣的方式，像極了「麻煩製造者」。

拿到杯測師證照，不是要讓我感覺自己有多厲害，而是我獲得了這段過程的學習和體驗。而且在採購生豆時，我也比較容易知道咖啡的價格。

很多人認為做咖啡是一件浪漫的事，不用求真，但我拿到杯測師證照之後，會想知道如何透過機器來測量咖啡的濃度。

某日，一位記者來訪。他問：「怎樣才算是一杯『好』咖啡？」

我說：「若純粹以個人主觀意見判斷，好喝或難喝只是很簡單的二分法，無法測出來。不過，在商業上有更精確的標準，讓咖啡業者以及消費者能夠清楚知道咖啡的好壞。但誰說了算？我會請機器當評審。」

我拿出吸管，在金屬片上滴了一撮咖啡。

「它可以檢驗液體中的固態溶出物比率，也就是咖啡濃度。我希望煮出來的數值介於百分之一．二到一．五五之間，在我的經驗裡，這是台灣人最能接受的濃度。」

沒多久，我便煮出了一杯有科學依據，有「好濃度」的咖啡。

系統性的評分標準

生豆好不好有標準評量，那麼熟豆呢？一般來說，也有系統性的評分標準。

像是：香氣愈濃愈好，滋味變化愈多愈好，風味停留愈久愈好，果酸愈細膩、酸愈快不見愈好，油脂感愈滑口愈好，後韻愈悠長的品質愈好。還有，味道愈豐富、口味差距愈大的愈好——例如你吃檸檬，我吃百香果，兩個水果都很酸，但哪一個好吃？答案會是百香果，因為百香果除了酸之外還有甜，所以酸和甜平衡，這款水果的風味就好喝。另外，愈回甘的愈好。

「甘」的概念，似乎在華人區比較常用，外國人很難加以翻譯，他們認為「甘」是錯覺，不是味覺也不是嗅覺。但我認為，「甘」即甜氣均勻地停留在喉裡，喝完之後的甜叫回韻，這是很容易去感受的好的口感。

什麼味道都不放過

「杯測師」在英語中的說法是「Cupper」，的確，身為Cupper，我們也給人愛品嘗味道的印記。

我大學時有個朋友念雲林科技大學，每次去找他，遇秋末初冬之際，樹葉紛紛落下，空氣間總會彌漫著黑板樹的味

進行杯測時，替咖啡豆做評分表。

道，尤其晚間特別濃烈……這些往事原以為隨著大學畢業而消失，沒想到黑板樹承載著記憶，幫我回味那段時光。

考上杯測師後的某一天，我在網誌上寫下了這段回憶。

有個網友留言：「小心，黑板樹的花有毒，不要去嚐。」

我回：「我怎麼可能會去嚐？」

另一位網友說：「杯測師就可能會。」

原來大家都知道，杯測師最愛嚐味道啊！

狼的哲學

★ 杯測師不是「麻煩製造者」，而是具有評定咖啡優劣能力的專業人士。

★ 拿到杯測師證照，不是要讓我感覺自己有多厲害，而是我獲得了這段過程的學習和體驗。

台灣烘豆大賽冠軍

從第十二名到奪冠

二〇一四年五月，我參加了台灣咖啡協會舉辦的WCE（World Coffee Events，「世界咖啡賽事組織」）世界盃烘豆大賽台灣區選拔，一共有二十四人參賽，每個都是各地的箇中翹楚，競爭激烈。其實在二〇一三年，我曾和幾位同好一起參加，那時我的名次最差，獲得第十二名。這一次捲土重來，只求進步，不要漏氣。

我喜歡表現，喜歡用參賽證明實力。對我來說，比賽或認證都是一種自我鼓勵，賽前我會努力練習，期許自己被看見。

比賽結束，當大會念到「冠軍得主——賴昱權」時，我絲毫沒有心理準備，反倒是四面八方的道賀洶湧而至：

「哇！厲害厲害！」

「不容易不容易！」

「你進步最多，恭喜恭喜！」

我頻頻道謝：「是我運氣好，沒有特別強。謝謝大家，謝謝……」我只能說，我用很多時間練就的咖啡風味比較符合評審的口味，如此而已。

「木棉花咖啡烘焙師論壇」的夥伴們

從二〇一三年的第十二名，時隔一年，竟然大躍進到第一名，很多人好奇我進步的原因。

這一年期間的確不一樣了：店裡生意變好，豆量變多，練習烘焙的經驗也倍增。最重要的是，我從同業團體之中感受到友誼的支持，也學習到經驗和技術。

我剛到高雄時，遇見了一群無私、肯分享的咖啡同行，我們十二位烘豆師以高雄市花「木棉花」為名，組成了「木棉花咖啡烘焙師論壇」，成員們來自不同領域，各有專長，包括生物博士、物理專家、化工專業人員、烘焙機械工設師、咖啡館老闆、咖啡設備商……等。我們每個月聚會一次，一起分享咖啡資源，一同辦杯測會、烘焙賽，我也

木棉花咖啡烘焙師論壇的夥伴們。

從中驗證風味和手法的關聯性。

聚會時，我們每個人都烘相同的咖啡豆，但用不同的方式呈現烘焙，會中討論每個人的風味和曲線變化，豆子烘得最好者要公布「曲線」讓大家參考，讓烘豆師一次感受對比十二種烘焙走向，簡直像烘焙大賽一樣精采。

所謂的「曲線」，就是以溫度和時間為座標軸所產生的圖形，我們烘豆都依此軌跡當依據，甚至複製這條曲線。對於同樣的咖啡豆，若有獨特的方法，可以在聚會時提出心得，無形中也提升了自己的技巧，這是我覺得幫助烘豆技術進步最快的方法。

從比賽中找做法

第一次參賽，我是想要證明自己不會太差，比賽是為了瞭解自己跟其他人的差距；第二次繼續參賽，則是想觀察其他人的製作手法，以學習店裡碰不到的祕方，即使沒有獲得好名次，也可以得到新概念。另外，我也交到了來自不同區域的同業好友，這是難得的經驗，也是可貴的收穫。

二〇一四年烘豆選拔賽的前一個月，高雄舉辦了「大港盃烘焙賽」，冠軍得主居然是素人——一名來自新竹的工程師。這刺激我開始思考，原來並不是專業烘豆師才能得到第一名。而在喝了每一位選手烘過的豆子之後，我明白了，「喔！原來他的想法是這樣……」

為了烘豆大賽，我戰戰兢兢地準備，絲毫不敢鬆懈，而心裡潛藏著想要得獎的那份「虛榮心」，應該也是推動我進步的動力。

有人問我教不教烘豆？我回答：教啊！但不教烘焙方式！因為重點不是教你怎麼烘出Jacky的味道，而是大家一起分享經驗，烘出每一個人的風格。

二〇一五WCE的台灣烘焙選拔賽，羅時賢、黃柏勳、周彥馮得到前三名，值得一提的是，三位都和我一樣，來自高雄，這代表高雄不再是咖啡的邊緣地帶，而是值得大家重視的地方，每一個人愛分享，熱情地進行經驗交流，成熟地修正彼此的缺點，學習對方擅長的優點，在自己的機子前努力地烘著咖啡，讓自己的咖啡說出動人的故事。

世界第一，近在眼前

得到台灣區冠軍，意味著我已取得資格，即將代表台灣參加WCE舉辦的世界盃烘豆大賽。

然而，我腦海卻一片空白，對於三個星期以後就要進軍的世界盃，感到茫然又不知所措。沒多久，大會的祕書催我：「Jacky，你要馬上計畫行程，不只訂機票，連火車、住宿、公車都要安排進去……」

但是，在計畫行程之前，我得先解決一個問題——參加這場世界性的烘豆大賽，我需要一位教練。我立刻想到了「台灣咖啡研究室」主持人林哲豪。他是「在欉紅」負責人，我私下暱稱他「小綠」。

小綠是和我一起到香港考杯測師的同學，我們一起上過課，瞭解彼此；此外，他畢業於台大園藝系，對植物非常瞭解。雖然他認為每個選手有自己的思維，及對咖啡詮釋的邏輯和運作系統，教練只是從旁協助而已，但是對我的幫助卻非常大。

世界盃所使用的烘豆機是德國製的Giesen，屬歐美系統，跟台灣習慣偏日系的操作差別很大，我等於賽前就處於劣勢。不過，二〇一三年使用的機器和二〇一四年是同一款，而二〇一三年的台灣選手江承哲獲得亞軍，教練就是小繰，有了去年的經驗，他可以告訴我關於機器操作的注意事項。還有，他熟知比賽規則，讓我知道重點應該放在哪裡，萬一稍有閃失，哪些可放棄，以確保比賽順利進行。

我完全沒把握得獎。但出國前，小繰說：「我們一定要帶一面國旗出去！」

我很遲疑，問他：「世界盃耶！這麼多厲害的人，怎麼用得到？」

但他信心十足地說：「我相信不會比以前差。」

「你所說的『以前』，可是二〇一三年的第二名啊！」我回他。

小繰認為，台灣的咖啡人出類拔萃，非常勤奮，一天烘幾十鍋的豆子也不覺得苦，老外根本沒那麼認真。他相信，在國內拿到了冠軍，「世界第一」也就不遠了。

狼的哲學

★我喜歡表現，喜歡用參賽證明實力。對我來說，比賽或認證都是一種自我鼓勵，賽前我會努力練習，期許自己被看見。

★我從同業團體之中感受到友誼的支持，也學習到經驗和技術。

世界烘豆大賽冠軍的榮耀

提早三天抵達，事先蒐集資訊

我從來沒去過義大利，因此提早三天到，以便蒐集資訊，包括設備、氣壓和水質。好在比賽地點里米尼（Rimini）在海邊，海拔不高，跟我在台灣的烘焙環境差不多。

義大利世界盃咖啡賽的烘豆大賽相當複雜，分三天舉行，過程費工。比賽項目有生豆鑑定、樣本烘焙和烘豆練習，主辦單位以隨機抽樣的方式排定參賽者進行以上項目，最後在一個小時內實際進行烘焙。

其中，生豆鑑定要寫出生豆分析評鑑報告，包括瑕疵、風味、含水量、密度、色澤、味道……等，並挑出缺陷豆。

後來我們在現場與其他各國選手聊天時，有個國家的選手問我們對生豆的感覺，我

2014WCE世界烘豆大賽冠軍獎盃。

和教練都覺得豆子平平，沒什麼味道，他卻說：「會嗎？我覺得很有風味。」

我和教練互看一眼，眼神在說：有嗎？明明就很平淡啊！——這表示我們有共識，看法一致。

第一個上場，狀況連連

此外，我們也必須使用非比賽的烘焙機，進行少量的比賽用咖啡生豆烘焙，以瞭解生豆樣本的特性；還有使用比賽的烘焙機烘非比賽用的樣本，以瞭解烘焙機的火力等特性。

然而，對我比較不利的是，我是第一個上場烘焙的選手！

正式比賽的烘焙機有兩台。第一個上場的選手，無法觀察其他人的烘焙以判斷是否有什麼操作上的狀況需要反應，例如：機器是否預熱充足？是否提供了穩定的瓦斯流量？以及現場可以使用的軟體與面板的操作如何……等等，這些都會影響選手烘焙時的身心狀態。我格外緊張，但想想，既然沒有可參考的曲線，管他的，就去做吧！

我根據過去的經驗做出調整，思考烘焙至哪個時間點，在杯測時能表現出最好的風味。由於我提早到義大利，勘查出當地的水為「硬水」——雖然經過水質調整，但還是比台灣的ＴＤＳ高（ＴＤＳ指固態溶出物總量，數值愈高，表示水中含雜質愈多），因此我決定以高溫取代養豆時間，快速烘焙、降低苦度，以煮出咖啡的酸甜感。

不過，在現場卻出了一點狀況！我原以為機器一開啟便會自動記錄，沒想到，下豆時需要自己按電腦，在這裡浪費了十分鐘。還好，前一天跟小綠討論過這問題，他建議，如果當鍋烘焙有狀況，不要猶豫，直接放棄，改用下一鍋豆子。

我們把豆子分成三份，只有三次的機會，本來預計第一鍋是保本用的，沒有挑豆就先下鍋，測試現場的曲線與預期的差異有多少；第二鍋是主力，趁烘第一鍋時挑豆，這樣還有第三鍋備用。但教練的策略是，只要味道不對就大幅調整。這確實是背水一戰的選擇。

參賽者的內心戲

烘豆比賽的過程冗長沉悶，參賽者就是面對一台機器挑豆子，操作電腦設備。很多人說，在吧檯上做咖啡等於表演一場「秀」，我跟朋友開玩笑說，參加世界大賽時我也在演，但演的是「內心戲」。

最後在實際烘焙時，得用比賽的烘焙機烘比賽的樣本。

賽前，需要預先完成一份「烘豆計畫」，包括預計烘出的顏色、入鍋溫度、下豆溫度及味道，還有針對烘焙的概念和希望最後呈現的風味等。換言之，烘完後的豆子愈接近計畫，分數愈高。

烘豆完成後，最後一關是做杯測。與其說這是一場烘焙賽，倒不如說是烘豆師的個人能力綜合鑑定。

賽後，我們彼此試喝咖啡。在現場，大家互相問：「你喝得出來哪一杯是你的嗎？」通常是找不出來的，這表示每個國家的參賽者實力相當接近，唯一的差別就是失誤，失誤愈少者，得名機率愈高。

讓咖啡融入生活

趁著名次公布前的空檔，我終於可以在義大利輕鬆地喝咖啡了。出國前，很多人提醒我：「義大利的咖啡很好喝，你一定要多喝幾杯。」

比賽的地方是觀光區，這裡的人把咖啡當作每天必喝的飲料。我在咖啡館點了一杯Cappuccino，老實說不難喝，但吧檯手做得很隨意，我從來沒看過那麼粗的泡泡，不是我心中精品咖啡的風味，讓我有點質疑：「這就是我對義大利的想像嗎？」

在這裡，大街小巷的路邊，不論男女老少，人手一杯咖啡。我看到一位七、八歲的小女孩踮著腳尖跟店員說：「給我一杯Espresso。」然後拿了就走。

也許他們的這種隨性表示咖啡在當地已經深根，融為生活的一部分了。

比賽結果，頒獎倒數

終於來到比賽的最高潮了——大會從第三名開始公布名次。第一個被念到的是瑞典代表，第二名得獎者則是南韓。

我非常緊張，心情七上八下，心臟簡直快跳出來了！我是背著台灣的咖啡魂出發，心知肚明很多高手沒有出來，他們把這機會讓給我，我有一種非完成任務不可的使命。就在這時，小繰卻早已胸有成竹地從袋子裡拿出了國旗，拉開預備著，那正是二〇一四年劉邦禹在澳洲得到杯測大賽冠軍時拿的國旗。

教練小繰對這次比賽胸有成竹。

欣喜若狂，我得了世界冠軍！

最後，主辦單位慎重地揭曉冠軍得主，當我聽到「Taiwan」時，整個人跳了起來，欣喜若狂，興奮得振臂一揮衝上前！此刻，比我更激動的是教練小綠，他大喊：「We made it !」只見他像飛躍的羚羊般躍過一米高的圍欄跳進會場，將青天白日滿地紅的國旗遞給我。他非常開心，畢竟去年差一點點拿冠軍，現在總算幫台灣爭一口氣了。

不過，由於我們都太緊張，撐開國旗時竟然一度拿反了。我開心地轉個圈，把國旗轉正，讓這一面象徵著驕傲的國旗端正地站上國際舞台。

我的心情澎湃洶湧，無法言喻，眼淚幾乎奪眶而出。我背著國旗，打從心底深處發出吶喊：「I'm from Taiwan!」我喊得聲嘶力竭，情緒非常激動，久久無法平復。

我告訴全世界的人：「我來自非常小的國家，她的名字叫台灣。」

在那一剎那，台灣烘豆的水平已經和世界拉成一條線。很多人認為咖啡不屬於亞洲人，但這一次的世界盃，前兩名分別來自台灣、南韓，這表示亞洲人很努力經營咖啡產業，而且做得並不差，咖啡比賽已經證明了這項事實。

好消息立刻傳回宜蘭老家。我老爸很欣慰，從椅子上站了起來，挺直腰桿，緩緩地說：「別看不起咱台灣人，台灣人可是很厲害的！」

2014年6月12日，台灣的世界烘豆冠軍誕生了！

奪冠之後，烘豆繼續

烘焙決定了咖啡的靈魂

二〇一四年底，國際組織「世界咖啡論壇」在台灣舉辦為期三天的演講，邀請我打第一棒當暖場，我的講題是「冠軍烘豆師的一天」。

這些年來，台灣在咖啡產業的努力被世界看到，使得二〇一四年，ＷＣＥ（世界咖啡賽事組織）的大型國際咖啡論壇ＴＴＬ（Tamper Tantrum Live）選在台北舉行。各家咖啡設備商用心經營、生豆貿易商細心選豆採購、台灣各家咖啡小店對待咖啡的認真態度，都讓國際重量級來賓對台灣咖啡產業刮目相看。

現場來賓都是台灣咖啡業的翹楚，這讓我很緊張。一開始我就打趣說：

「我有點語言障礙，如果講得結結巴巴請多包涵。但也因為口吃，我才選擇『烘焙』，因為烘豆子不需要講話。」

在演講中，我分享自己對烘焙的想法。一杯咖啡的價值大約由百分之四十的生豆、百分之三十的烘焙、百分之二十的萃取、百分之十的吧檯手功力，串起百分之一百的品質。既然我沒有辦法控制百分比最多的生豆，就退而求其次做烘焙吧！

我覺得烘焙決定了一杯咖啡的靈魂，能激發豆子本身的潛力，把咖啡風味表現得更完整。而以商業角度考量，烘焙是不用站在店家便可以賣產品的技術，也是參賽比較有利的項目。

台灣雖小，卻是全世界烘豆師密度最高的地方，這有利於台灣、日本等地狹人稠的國家，利用小型機台推出自家烘焙的精品咖啡豆，每一位咖啡人都可以展現獨家技法和對咖啡的堅持。

我在現場放了一小段得獎的影片與大家分享。儘管自己已看了無數次，但每一次看都還是很激動。我始終沒有忘記自己是烘焙者，要奉獻並深耕這一塊田地。

這一次我在世界盃受到肯定，也是世界對台灣咖啡人的肯定，相信以後世界盃冠軍會是台灣人的天下。

好咖啡不孤單

二〇一五年一月，大陸廣東的選手張萱紘Tony為了參加Barista咖啡大師的比賽，託我烘豆。他是台中人，年輕時赴美念書，回台當兵前去了咖啡廳打工，自此對迷人的咖啡香產生濃厚的興趣。後來，他到了大陸，從使用全自動咖啡機的外帶店開始做起，有一天，供應商問他要不要去比賽，開啟了他的比賽之路，也因為比賽而開始不斷地鑽研精品咖啡，於是從二〇一一年開始，比賽成績也不斷地精進再精進：二〇一一年粵港澳咖啡師大賽第五，二〇一二年中國百瑞斯塔拉花賽冠軍，二〇一二年WBC（世界盃咖啡師大賽）中國第七，二〇一三年粵港澳咖啡師大賽第二名，二〇一四年TBC第六名。

在這場比賽中，選豆、烘豆占有重要的比例，會影響咖啡風味的表現，為了表示支持，我不收取任何費用將烘好的豆子寄給他，期間來往寄送，兩人討論風味而調整烘焙手法不下十多次。

成績揭曉，Tony獲得冠軍。接著在四月，他代表東莞參加WBC中國總決選，獲得銀牌的殊榮，真是由衷替他感到開心，好咖啡不孤單啊！加油！隔年再來。

世界冠軍的豆子價格不變

很多人問我，得獎前後有什麼改變？

我畢生的夢想是開著瑪莎拉蒂跑車送貨，但是得獎後回到台灣，還是騎「機車」送貨，仍然日復一日、一鍋接著一鍋地烘豆子。

其實我自己並沒有改變，但大家看我的眼光變了。一樣的觀念以前講沒人聽，現在無論我講什麼，大家都覺得很有道理；一樣的咖啡，客人覺得變好喝了。

我剛返台不久，有位客人走過來說：「以前豆子是買給自己喝，現在都當禮物送人了，我特別強調這是『世界冠軍』烘的豆子，很好喝喔！」

還有熟客過來輕拍我的肩膀，鼓勵我，「不錯喔，厲害厲害！」那模樣彷彿是說：「喝了那麼久的咖啡，表示我們的品味果然沒錯，哈哈！」

甚至有一次，我把烘壞的豆子放在店角落的桶子裡，準備之後倒掉，客人說：「給我給我，千萬別丟掉！」

最明顯而實質的改變是咖啡館的業績成長，訂單增加，客戶對我更有信心了。但是，價格沒變。

客人頗為質疑：「價格真的沒調高嗎？世界盃烘豆冠軍耶！」

我說：「比賽是私人的事，得到冠軍只是評審對我的肯定，如此而已。我什麼都沒變，為什麼價格要變呢？」

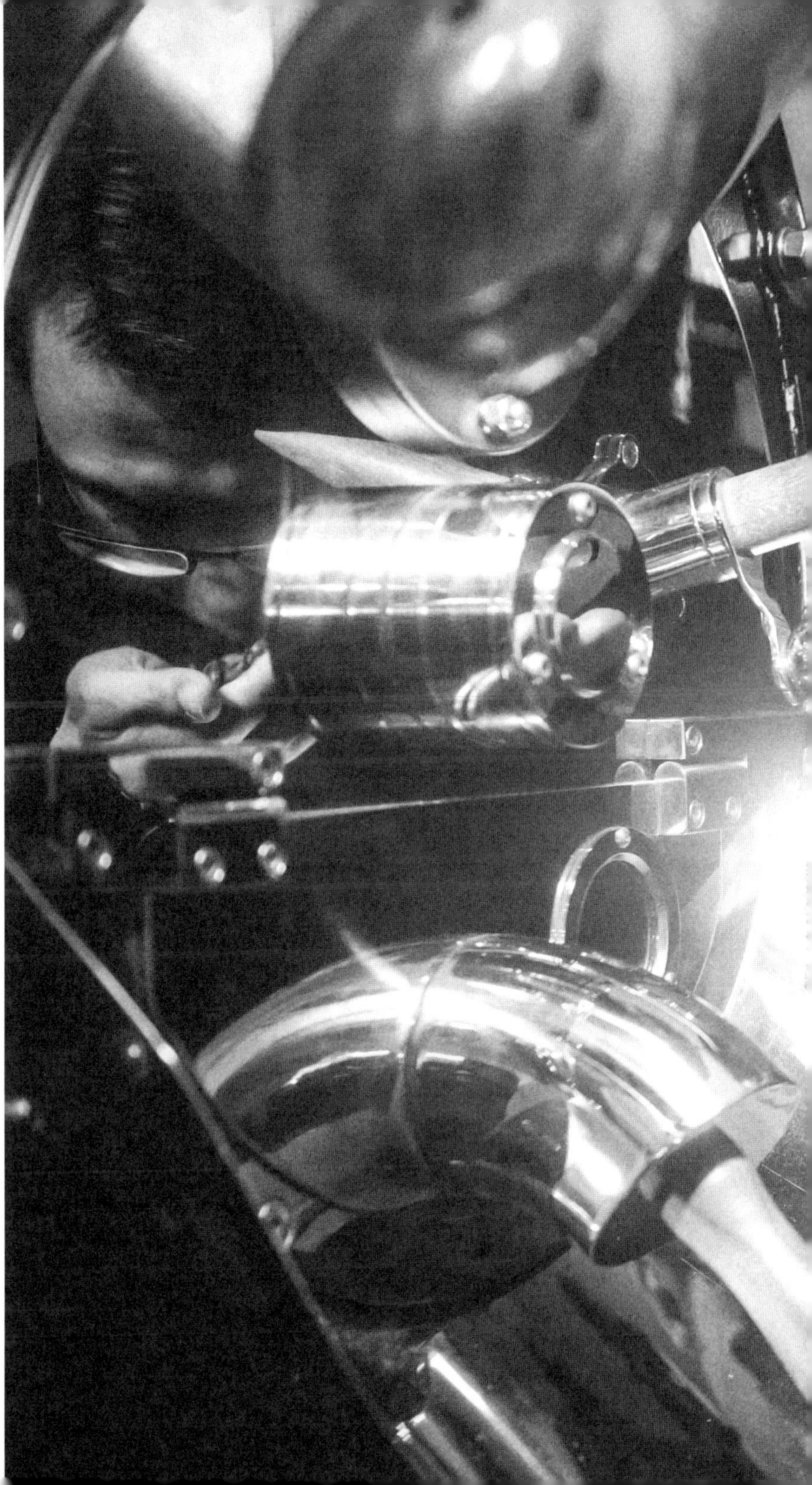

把失敗當養分，苦練十三年

從烘豆室走向客人

烘焙是辛苦孤獨、費神勞心的工作。一鍋豆子丟進機器裡，幾千幾萬塊的錢在裡面打滾，所有的細節都要掌握得非常精準，稍不留意就歸零。每次烘豆都得全神貫注，絲毫不能鬆懈，否則所有的努力將付諸流水。

我曾開玩笑說：「烘豆跟賭博很像。」我認為烘豆沒有人可以一蹴可幾，平日累積的經驗是輔助比賽的最佳幫手。

不過，烘豆師如果一直躲在咖啡館後面，就永遠不知道客人的想法，如果你沒有辦法跟客人站在同一邊，便很難理解客人想要什麼。所以我雖然花很多時間烘豆，但也常走到機器前，跟客人溝通，藉機表達自己看法，必要時做些調整。

菜鳥的迷惘

回想二〇〇二年第一次烘豆時，我還是個菜鳥。

那時在華山，我根本不懂什麼烘豆技術，只是把豆子一鍋鍋地丟進機器裡烘；當生豆變成熟豆，我只知道變黑了，趕快把豆子拿下來，並不曉得過程中發生了什麼狀況。

那時我很緊張，因為完全不瞭解豆子，我想跟豆子對話，但不懂得豆子要告訴我什麼，是一種茫然陌生的感覺。我怕烘不好，但怕也沒有用，因為根本不知道自己是怕對還是怕錯。

烘出來的豆子煮成咖啡後，我也分不清楚好不好喝，因為根本不會喝。就像開車新手頭一次坐上駕駛座，只會踩油門「開始」跟踩煞車「停止」這兩個動作，其他都不知道，車子卻已經往前開了。

經過一段很迷惘的自我摸索，我才慢慢地發現自己跟別人烘得比較像了。後來看到有人烘得很好，我總是感到很疑惑：「他們是怎麼做到的？」這也激發了我在往後的日子，一心想要追求更好的答案。

由於在華山烘的豆子只供自家店使用，我和老闆最常討論的不是風味，而是如何把咖啡當成「飲料」販售，想辦法配合客人的胃口，讓客人買我們的單，所以我們不斷向老師傅們取經，吸取杯飾技巧，為飲品做「裝潢」。

但自從二〇〇五年，「精品咖啡」的知識大門在我眼前開啟，給了我一記當頭棒喝，一切都不一樣了。

躍然眼前的真實風味

一開始，我處於探索階段，沒有人可以直接教我，也沒有東西可以實驗相佐，於是我試圖尋找路徑，讓自己也能做到如同書上說的花香、果香，做到拉花等等。所以最初接觸精品咖啡，我是把重心停在學習最「新」的咖啡師技術上。

咖啡師可以拉花、可以由萃取改善咖啡的品質，甚至可以煮出花果香、柔細口感，更可以站在第一線跟客人討論，取得反饋。於是我在萃煮咖啡方向下足了苦心，每天上班時就練煮，煮完就喝，喝同一款咖啡不同的萃煮方式，找尋最合宜的沖煮方向，以「大家想喝什麼就做什麼」的想法為圭臬。

遇到了問題，我便在書裡找答案。但坊間的咖啡書流傳了太多的咖啡煮法，方法多到讓人眼花撩亂，而箇中精髓，每一位大師還是抱在懷裡，我依然像瞎子摸象，只得窺其一二，無法得其門而入。

然而，隨著世界咖啡賽的開始，透過運用精品咖啡的細膩書本、自家烘焙的書籍、YouTube的影片分享等管道，精品咖啡對我而言不再只是硬邦邦的字眼。而緊跟著生豆進口商的用心、咖啡貿易商的精進，柑橘味和花香味也不再只是形容詞，而是躍然於前的真實風味了。

狼的哲學

★關於烘豆，沒有人可以一蹴可幾，唯有靠平日累積的經驗。

★烘豆師如果一直躲在咖啡館後面，就永遠不知道客人的想法，很難理解客人想要什麼。所以我雖然花很多時間烘豆，但也常走到機器前，跟客人溝通，藉機表達自己的看法，必要時做些調整。

一輩子做自己喜歡的事

向國外取經

我每天都在烘豆，不斷練習，時間久了，當然會遇上瓶頸。過去我總是用「經驗」找答案，卻常把問題搞成懸案，而當經驗不夠「驚豔」，也會適得其反，甚至讓我找不到答案。

千尋萬覓之下，我決定向國外的「研究單位」取經，向他們學習咖啡原理，這些單位包括了咖啡品質研究機構ＣＱＩ、美國精品咖啡協會ＳＣＡＡ、歐洲精品咖啡協會ＳＣＡＥ等，都讓我對咖啡的科學化教育及整合系統教育有很大的感觸。

最大的收穫，是讓我把實務經驗和理論兜在一起，讓我有能力評比自己的咖啡品質和風味，也讓我有能力以「原理」修正風味。

到後來，修正的對象也慢慢從吧檯手的角色，轉換成幕後生豆挑選，烘焙不再追求客人的喜好，而是教育觀念和分享認知，當然也擁有自己的咖啡風格。市場接受精緻化咖啡日增，也讓我真正轉變為全職的烘豆師，而咖啡的烘焙風味，也因為累積了大量的烘豆時數而有小幅度的改正。

咖啡風味的翻譯者

說到底，我覺得自己真正進步最多的絕不是烘焙技術，而是品評能力的提升，這讓我有能力擔任咖啡比賽的評審，也當自己的裁判。

我覺得烘豆像翻譯，如果說咖啡風味就像一本好書那麼雋永，烘豆師的角色會是譯者，而非作者，因為烘豆師無法無中生有創造風味，沒辦法把本質七十分的豆子烘成九十分，重要的是將豆子本身的風味「詮釋」出來。所以我常說，分數扣得愈少，分數就愈高。

我的咖啡烘焙偏向中淺焙，帶有明亮酸甜的花果調性。美國精品大師George Howell烘的咖啡豆也是中淺焙，我們在烘豆上的看法頗為一致。

傳統的咖啡烘焙多採焦炭式重烘焙，讓咖啡原味盡失，獨留炭焦味，所以我希望追求咖啡原味，恢復水果本色。事實上，任何東西有炭焦味都不好，尤其當我們挑出了好豆子，產區、特色、地域和風味的特色已經展現出來，並不是說深焙不好，而是如果烤焦，特色和風味就都沒有了。

「煙」的煩惱

就像所有的烘豆師，「煙」的問題是我的一大煩惱。

開店的第二年，元旦假期大家都休息，我接了一張大單（以我當時用四百克的烘豆機來說，能接到二十磅以上就叫「大單」了），要烘滿三十鍋豆子。那幾天，我天天都烘到半夜，天氣很冷，冷風一直灌進來，我穿著大外套在屋外烘豆，但機器很小，豆心不熟，我很痛苦，明知會把自己燻得要死，最後還是只好搬到屋子裡面烘。

烘焙咖啡豆，後續的「排煙工作」很重要。人口密集的住宅區不適合烘豆，所以我的烘豆室選在較空曠的地區，拉一些管子往高處排，並且要經常清理。我曾發現管子積一些炭容易著火，為了避免危險，所以經常保養機器，以策安全。

會思考的機器，才是咖啡師的「良師」

二〇一三年，我遇到了一個很特別的咖啡人——「凱博克」（Kapok）的老闆林正宗。

林老闆的專長在機械，過去曾與日、德商合作，全盛時期甚至經常包下整條船，把人力、設備和技術輸出國外，可惜不幸遇上日本失落的二十年，客戶大量流失，為了延續一手打造的機械事業，他將喝咖啡的嗜好結合專長，親自設計製作烘焙機具。

林老闆是高雄人，高雄的市花是木棉花，所以他的機器取木棉花的英文「Kapok」，再加上他認為台灣最具魅力的是原住民文化，因此將達悟族圖騰的戰士帽、划槳等象徵融合進機器設計之中。

好設備的確是輔助咖啡師的益友，但是，擁有正確的觀念和想法更是重點，能讓烘出的豆子更有表現空間和想像力，這樣的設備就是咖啡師的良師。

我很信任林老闆，請他幫我打造一台較大的烘豆機，放在咖啡館裡。這台機器很漂亮，安全性做得非常好，裝有電腦的傳輸設備，只要把豆子放進去烘，烘焙曲線就幫我畫好了。

力求完美，一口氣倒掉幾十公斤豆子

我在鼓山渡輪站正對面有一間烘焙室，不到三坪，擺放著的是五公斤Kapok台灣製造烘豆機。

我的咖啡生豆、熟豆都是吹冷氣降溫、去溼，減少發生變化的機會，如此才能烘出較高品質的咖啡豆，也讓消費者可以安心選購。但我也曾有一口氣倒掉五、六十公斤豆子的紀錄。那時我新買的機器剛進來，都在試機階段，跑溫度曲線，有時抓不穩機器的特性，把一大袋的豆子全部烘光後，發現烘不好，只好全部倒掉當有機肥料。

在我的觀念裡，不好的豆子不能給客人喝。我常跟員工說，我們自己可以省，但不能省客人，一省客人，他們就被省掉了。

此外，我也買了非常多的儀器，專門用作烘豆時的測量，例如密度儀、色彩分析儀、水分儀……甚至我請人家做水活性分析，試各種不同的烘焙機試風味。我曾經試了十幾個烘焙度，只為了找出最好的風味點，用杯測瞭解這些豆子的極限在哪裡。

這是我得到快樂的方式

當個烘豆師是我的夢想。我喜歡咖啡的風味，也有自信，自己是可以創造出好風味交給吧檯手的關鍵人物，這是我得到快樂的方式。

在我創業過程中，爸爸曾對我說過：「烘豆就像呵護小孩，在烘豆過程中把內果殼去掉，讓它膨脹、長大，再煮給客人喝。事業也像烘豆一樣。」

他樂於看到我事業成長，希望我快樂工作，得到好的人生。

而我更覺得，一輩子都做自己喜歡的事，夫復何求？

狼的哲學

★烘豆像翻譯，如果說咖啡風味就像一本好書那麼雋永，烘豆師的角色會是譯者，而非作者，因為烘豆師無法無中生有創造風味，沒辦法把本質七十分的豆子烘成九十分，重要的是，將豆子本身的風味「詮釋」出來。

★我喜歡咖啡的風味，也有自信，自己是可以創造出好風味交給吧檯手的關鍵人物，這是我得到快樂的方式。

邁向國際

冠軍之後，追求更高的理想

二〇一四年六月拿到世界盃烘豆賽冠軍後，某天，我接到一通電話。那時我完全沒想到，這通電話將為我的人生開啟另一扇門。

返台後，除了演講授課增加、時間被壓縮之外，邀我擴展咖啡產業或餐飲結盟的合作案不少，而這一通電話是一位非常信賴的好友牽的線，我格外重視。

我禮貌地回了電話，但沒有馬上答應，繼續馬不停蹄地到處奔波。

對我來說，比賽過後，經驗交流和心得分享是很重要的功課，世界各國只要有烘豆討論會，只要時間允許，我都飛奔過去。像二〇一四年在香港的「Coffee Power烘焙、拉花賽」，我跟紐西蘭籍主審、韓國籍咖啡冠軍、馬來西亞華人咖啡師和評審、香港考官及評審、台灣考官和一群咖啡師們，在會後一起討論咖啡風味，把經驗回饋給烘豆師，這種無國界的分享，讓咖啡迷感動不已。

在國內、外場合，我最常聽到的是：「Jacky，『世界冠軍』要好好利用喔！因為只為期一年，明年就有新的冠軍出爐囉！」

我該怎麼善用呢？

其中一位老大哥說的一句話，深深烙印在我心底。他說：「Jacky，你從國外拿金牌回來，我希望你的產品賣真金，才能賣一輩子，而不只賣一年。」我非常感謝他的提醒，答應一定會把品質顧到最好。

另外，教練也希望我扮演好「世界冠軍」的角色，像是領導大家或者指導同業技術，甚至傳授形而上的價值觀，以鼓勵台灣勤奮耕耘的咖啡人。但我更期待的是產生更廣泛、更大的後續效應，「世界冠軍」給了我優於別人的起跑點，為什麼我不乘機追求更高的理想呢？

把夢想擴大

身為一匹堅持追求夢想的「狼」，我已經咬住獵物的腳；而現在，我試圖把夢想擴大，希望再咬住牠的脖子，最後把獵物追到手。

但一個人的力量畢竟有限，我也在尋找可以信賴的行銷團隊加入。計畫不等人，經過深思熟慮，我接受了那通電話的邀約。

他們是「幸福里」國際股份有限公司。

幸福里原本做台灣食品和伴手禮，走外貿路線，以大陸為市場；就在起步之際，剛好獲知我得到世界烘豆冠軍的消息，於是經營方向轉了個彎，想把咖啡產業納入。

我們洽談合作時，發現彼此理念相同，而在尚未簽約，只是擁有為咖啡事業努力意願的情況下，幸福里便無償地幫我做好多活動，例如協助我辦「咖啡協會」、安排演說、教學行程和翻譯大量國外文獻，甚至開大陸的行銷會。最後，我們雙方決定另創一個國際品牌——「COACHEF」（卡契芬）。

志同道合的卡契芬夥伴們

COACHEF是取「教練」（COACH）加「主廚」（CHEF），用教育的方式讓你成為主廚的意思，是一項複合式餐飲的文化事業。

中文命名「卡契芬」則由兩位音樂大師卡契尼、貝多芬而來。卡契尼是義大利的歌唱家兼作曲家，他將詩詞的節律與情緒，以獨唱的方式呈現，創作無數。貝多芬更是大家耳熟能詳的，他是德國作曲家和鋼琴大師，是西洋音樂最具才氣的代表人物，作品無與倫比。

咖啡像音樂，是心靈的調劑品，我們希望每一位咖啡愛好者都可以在大千世界找到知己。

卡契芬團隊多元，陣容堅強，有張超倫設計師、王明杰負責加盟系統建構、洪富強行銷開發、潘垂煌建構電子商務平台、楊淑芬負責財務會計、陳綺襄負責國內外聯繫，我則負責咖啡產業。每一個人都有自己的公司和主業，各有所長，彼此互相尊重對方的專業，是

卡契芬（COACHEF）的合作夥伴們。

個名副其實的「教練團隊」。

後來，由經濟部國際貿易局主辦、外貿協會籌組的「二〇一四台灣連鎖加盟代表團」，帶領十家台灣連鎖加盟服務業者，前往中國大陸重慶及大連行銷推廣台灣優秀的連鎖加盟品牌，卡契芬正是其中之一。透過這次的訪問活動，卡契芬首先就在大陸打響了知名度。

狼的哲學

★「世界冠軍」給了我優於別人的起跑點，我決定要趁這個機會，追求更高的理想。

★身為一匹堅持追求夢想的「狼」，我已經咬住獵物的腳；而現在，我試圖把夢想擴大，希望再咬住牠的脖子，最後把獵物追到手。

壓力愈大，戰力愈強

企圖心旺盛的學員們

我進入卡契芬的處女秀在十月，那是一趟中國巡迴演說行程，目的是進行咖啡分享，分享我對咖啡的熱愛、對咖啡的用心，還有對台灣這塊土地的感情，主講城市包括上海、北京、廣州、貴陽和澳門。與我同行的還有手沖咖啡專家Mars Huang。

課程有兩個級數，一是初階，一是專業，分三小時跟六小時，聽眾都是咖啡人。這一次參與的學員實力超強，他們學習心旺盛，從煮一杯咖啡可能影響好壞的每一個細節，例如研磨時間、溫杯、倒粉、下水時間等等都積極提問，實事求是。

跨向海峽彼岸的巡迴分享課程。

上海的挑戰

讓我印象特別深刻的是上海。上海的課，在一家設備商「王力咖啡」（Jascafe）的辦公室舉行。王力咖啡的負責人Jason是台灣人，他的產業橫跨中國、台灣、香港等地，為星巴克、肯德基在中國提供咖啡設備維修和保障，也是星巴克供貨商及合作夥伴。

這是一間非常棒的咖啡教室，有令人嘖嘖稱奇的設備。由於王力咖啡平日出很多貨，所以培養了許多專業人員，包括杯測師。

我一到上海，Jason便熱情招待我吃晚餐。他說：「Jacky，我這裡聘請一群實驗人員，全是食品碩士，學歷都很高，理工背景特強，他們平日什麼都不幹，就在工廠做研究，你晚上稍微想一下，明天要講什麼內容？」

我一聽，頓時壓力好大，因為他們都是市場理論分析的佼佼者，我不是理工背景出身的，很多細節不像他們有科學根據，我們的知識也許只是他們認為的「常識」。我能教什麼？我教的他們是否已經學過了？我要說什麼才能讓他們信服？

我邊吃飯邊思考，想到了自己的優勢在實務經驗，以及學習咖啡的過程非常扎實，「就講這個吧！」

有實力就不怕檢驗

隔天的課堂上，我戰戰兢兢，在座的學員們雙眼炯炯有神，勤做筆記，而且很多是像我這樣為了咖啡而堅持走上這條路的人。我把學理跟經驗做結合，將理論化為實務，壓力也轉換成戰鬥力。

由於現場的咖啡設備非常多，我每講完一個重點，學員們就用機器做測驗，每個項目都數據化。我烘的豆子也在現場讓大家做盲測，我都是分數最高的，這樣的結果讓他們大為驚豔，Jason更對我刮目相看，「你真的有實力！」

同行的Mars做手沖咖啡，他一沖出來，實驗人員也馬上驗ＴＤＳ（固態溶出物總量），機器則幫他跑出沖煮的曲線到底有沒有進「金杯」（協會提出的「金杯理論」，指百分之十八至二十二的研磨萃取率，及咖啡濃度ＴＤＳ在一．一五至一．五五之間，是「好喝」咖啡必須符合的兩項條件），結果，不但每一次都進金杯範圍，而且可以調整萃取率跟固態溶出物的關係。

Jason對我們佩服得五體投地，說：「你們真不是開玩笑的。」

我們在現場也分享如何讓烘焙與手沖完美結合，獲得熱烈迴響，原本緊繃的心情直到這一刻才稍微放鬆。

咖啡的品味要靠「人」維繫

趁著上海授課之便，我去了幾家特別的咖啡館，環境靜謐，具文藝氣息，看得出老闆請了頂級設計師把咖啡店裝潢得很有質感，有一家店甚至有天井。

大陸這幾年經濟崛起，「喝咖啡」成了品味的代名詞，咖啡產業在大陸發展快速，尤其像上海、北京等大城市，消費能力並不亞於台灣。

這不是地域性的問題，而是有沒有錢的問題。大陸很多有錢人，我們捨不得買的機器他們都買。但是，要把咖啡的品味做出來還是得靠人維繫，「人文素養」才是咖啡館好壞的關鍵。我們參訪的都是比較時尚的咖啡館，但再高檔的店都還有客人在「禁止吸菸」的牌子下吸菸，高談闊論。

就大環境而言，台灣的咖啡產業比大陸好。

咖啡對很多大陸人來說是新的飲料、新的產品，他們普遍喝「品牌」，例如「咖啡陪你」、「星巴克」、「太平洋咖啡」等，一杯咖啡的價格跟台灣差不多，不過商業化的店多，個性化的店少。

廣州的熱烈

廣州的情況跟上海類似，老闆也是台灣人，他們幫一家咖啡公司擴展據點，要我為內部員工作訓練，不過這裡有一個門檻，只有咖啡館的店長才有資格受訓，他們的專業並不是烘焙，而是為了理解烘焙以便跟客人溝通、講解，才來上課的。

我覺得大陸人對鑽研咖啡產業的付出比我們想像的還多，他們對咖啡的渴望和迫切度非常高，上課時踴躍發言，留下來問細節者也不少。

幾年前，我也去過大陸，但這一回看到的景況與之前不可同日而語，超出我的預期！甚至回到台灣後，還常接到大陸學員用WeChat提問，Jason知道我不用微信，乾脆直接打電話問問題，可見他們的求知欲有多強烈。

把握機會，展現自己的美麗

過去，亞洲人在文化飲食上不輸其他國家，獨獨在「咖啡」這一塊我們一直落後，別人永遠不理我們。但我們現在杯測拿到冠軍了、烘焙拿到冠軍了，香港Barista拿到第二名、日本拿第一，歐洲人不再是最強的，我們拿出實力證明有躋身於世界舞台的能力，並且把自己的想法拿來跟全世界分享。在咖啡產業部分，我希望大家的水平愈高愈好，不希望只有我好或他好，而是大家一起好。

藉著這次的巡迴交流，我也把這樣的想法傳達給彼岸的咖啡同好們。每一個城市的進步速度不同，也各有長處，因此，我也稍微向大家介紹台灣目前的咖啡產業狀況。台灣的咖啡人非常努力學習，我們容易接受新知，認同專業，友善熱情，團結不自私，所以一旦有可能，一定會努力爭取站上國際舞台的機會。

「如果你期待自己是一朵盛開的花，就把握機會在眾人面前展現美麗。參加比賽也許是個被看見的好方法，勇敢地綻放自己的魅力吧！」

最後一站廣州的報紙刊出了一份我到大陸演說的專訪，為這次的中國行劃下完美的句點。

狼的哲學

★壓力愈大，我愈是把它轉換成戰鬥力。

★要做出咖啡的品味，還是得靠人維繫，人文素養才是咖啡館好壞的關鍵。

★如果你期待自己是一朵盛開的花，就把握機會在眾人面前展現美麗。參加比賽也許是個被看見的好方法，勇敢地綻放自己的魅力吧！

狼的驚人力量

往前衝刺的一群狼

與卡契芬合作三個月之後，我們共同簽下了多筆訂單和合作案，也開發出數個不同個性的品牌，更接下跨國集團在台的咖啡館咖啡教育學程，包括客製打造一系列企業專用豆。

另外，我的第一家外帶店「握咖啡」也轉入了卡契芬團隊。針對這個轉變，我們所有股東進行了討論，想不到大家全體贊成，對我說：「走吧，走吧！你說怎樣，我們都配合你走。」

股東們的年紀都比我大，但他們說：「Jacky，我們相信你，就算你把公司賣了我們都相信你，因為你的努力，我們都看見了！」

我們像是一群狼，繃緊全身力量，準備往前衝。

高雄的新亮點——「咖啡彈藥庫」

卡契芬在高雄承租了一個小型觀光工廠，名為「咖啡彈藥庫」。這個命名是有來由的，日據時代，這裡就是彈藥庫，超過百年歷史。我們另設COACHEF咖啡學院與COACHEF咖啡館，並邀請王啟圳建築師，以高雄港的意象「貨櫃」設計多層堆疊的結構，打造一處獨特的文創園區，希望當咖啡人來到這裡，能夠激發更多靈感。

同時，我也和林正宗老闆共同開發「Lai x Kapok」專屬版的咖啡烘豆機，不只外觀擁有消光軍綠色、髮絲紋外覆板，像火力強大的武器，重點是熱系統的優化，使熱風效率加強反應，可做瞬升溫，像超跑的引擎瞬間加速，偵測也增加判讀點，讓烘焙更加精準操控，挑戰極限。

有了中型烘焙機進駐和陸續接的訂單，就有存在的意義。這已經不是收入進帳多少的問題，而是為我夢想中的咖啡小工廠打了一劑強心針。我希望「咖啡彈藥庫」能成為高雄的另一個亮點。

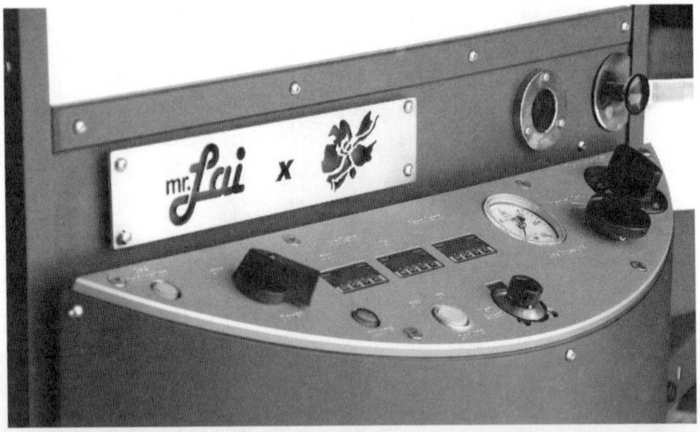

我和林正宗老闆共同開發以「Lai x Kapok」專屬版的咖啡烘豆機。

把夢想變成事業

我讀過一篇短文，大意是：「圓規之所以能畫圓，是因為心不動、腳在走；夢想之所以不能圓滿，是因為心在動、腳不走……」心是指原本的初心，腳是指腳步，初心不動，而腳步一直移動，圓才能畫得出來。

於是，我跨出腳步，出發了。

朋友笑說，我上船，他們揚帆。

這是雙贏的策略，冠軍獎盃的意外收穫。

冠軍獎盃留駐在我心中的並非掌聲，而是為我搭起一座走進國際的橋梁。

我得獎，也激勵一群團隊實現夢想。卡契芬幫我搭起一座專業通向行銷的路，讓我的夢想變成事業了！

狼的哲學

★冠軍獎盃留駐在我心中的並非掌聲，而是為我搭起一座走進國際的橋梁。

請問烘豆大師：關於咖啡的十個Q&A

【特別收錄】

Q1：喝黑咖啡真的容易睡不著嗎？

烘豆大師告訴你

這個問題是很多人的疑慮。

我店裡的裝潢設計師文鴻也曾有同樣的疑惑。在認識我之前，他是不喝咖啡的，裝潢時看我頻頻「試」咖啡，他覺得很不可思議，「怎麼會有人對咖啡這麼癡迷？」開店之初的某天晚上，他經過我的店，看到燈還亮著，便走進來。我想請他喝咖啡，但他說：「我不喝，喝了會睡不著。」

這正是一般人對咖啡的誤解——很多人怕睡不著，所以不喝咖啡；或者先入為主地認為「咖啡很苦」，所以不喝咖啡。當咖啡跟以上的說法劃上等號時，就很難讓人去享受它了，何況這些都不是事實。

好的咖啡不會讓你睡不著

早期台灣進口的咖啡不像現在這麼好，因為它們生長在蟲害較多的低海拔地區，咖啡為了抗蟲害，會產生較多的咖啡因，像羅布斯塔咖啡豆含的咖啡因就比較高，是阿拉比卡的兩倍。

我店裡都選用海拔一千四百公尺以上的豆子，高海拔的生長環境因為蟲害較少，不需農藥，咖啡因含量低，品種好。所以一般人喝咖啡睡不著，大多是喝到低海拔的豆子。基本上，喝高海拔的精品咖啡豆對身體比較好。

我的豆子來自衣索比亞、肯亞、哥斯大黎加、哥倫比亞、薩爾瓦多、蘇門答臘等地，並直接跟台灣的貿易商購買，從品嘗中研判是否為品質良好的咖啡。

另外，影響咖啡好壞的因素還包括「萃取」，萃取時間愈長，咖啡因釋放得愈多；我的萃取時間非常短，咖啡因釋放的量較少。不過，在正常狀況下，咖啡因六個小時便能夠排出體外，不會造成睡眠的困擾。

我認為好咖啡無關一切，茶的咖啡因含量比咖啡還高呢！但很多人因為喝了咖啡而老是想晚上會睡不著，就像已故的書法家于右任先生，他留著長長的鬍子，有人問他睡覺時，是把鬍子放在棉被裡面還是外面，他為此整夜失眠，其實能不能睡覺，跟鬍子一點關係都沒有。

還有，「咖啡加糖」也是個問題，因為糖除了本身是酸性之外，會轉化大腦需要的能量，刺激中樞神經，容易睡不著。有人喝咖啡引起胃痛，原因來自「咖啡加牛奶」，因為胃要分泌更多的胃酸把牛奶消化。所以我都建議文鴻喝原味的黑咖啡，我告訴他：「好的咖啡不會讓你睡不著。」

美味咖啡的真面目

有一次，文鴻看我用虹吸式的方法煮咖啡，不斷提出質疑，因為這跟他以前看的完全不一樣，於是我教他煮，告訴他有哪些風味，煮完請他喝喝看。他喝了一口，愣住了，「真的不一樣喔！」

我再從亞洲、非洲、美洲……等不同洲別的產區讓他嘗試，他發現每個洲的咖啡也不一樣。再來，不同的處理方法，味道都不一樣，甚至煮的方式不同，味道也不一樣。接著我告訴他一些咖啡理論，這些理論都有科學根據，甚至馬上做實驗給他看。文鴻是一個喜歡印證的人，這下恍然大悟，原來這才是咖啡的「真面目」。

喝完我煮的咖啡後，他晚上照常入睡，那一杯咖啡，打破了他對「喝咖啡睡不著」的迷思。

喝到好咖啡，你就回不去了

在我的影響下，文鴻已經可以喝出咖啡的好壞了。他從喝三合一、拿鐵，到現在只喝不加糖、不加牛奶的單品咖啡。他說，他已經「回不去了」。

某日，他到竹東一家咖啡館，見店裡都用傳統方法煮，他便用我教的方法去煮咖啡，這方法不會過度萃取，可以保存咖啡的風味，同時把甜味表現出來。煮好後，他請現場的人喝，大家都說他煮的比較好喝。

後來文鴻幫我做一批修改的裝潢，當我要付費時，他問：「可以換咖啡喝嗎？」我說：「當然可以啊！這有什麼問題呢？」

從此他一進咖啡廳便直接到吧檯，自己煮咖啡，並請在場的人喝。

愈喝，他愈有興趣，後來我開咖啡課，請他一起來聽。課堂上有個女生也是咖啡愛好者，漸漸地，他們兩人從相互批評對方的咖啡，進而喝掉對方煮壞的咖啡；從分享咖啡的美味，進而分享人生，我和咖啡簡直成了半個媒人。

結婚當天，我特地為這對新人調配一支冰咖啡，那是見證愛情的咖啡。

Q2：黑咖啡真的比較好喝嗎？

烘豆大師告訴你

我可以很肯定地回答你：「是。」我個人的確這麼認為。

在這裡，我想乘機挑戰一種「咖啡一定要加牛奶」的觀念。我認為牛奶是影響我們品嘗到原始風味的添加物。為什麼呢？

我常把咖啡比喻成水果——其實咖啡本來就是一種水果，屬於弱鹼性的飲料，對身體很棒。如果要品嘗水果風味，例如草莓、櫻桃、木瓜……你會直接吃，還是打成果汁加牛奶喝？大部分的人會選擇前者。你會用草莓牛奶、櫻桃牛奶、木瓜牛奶來評斷草莓、櫻桃或木瓜好不好吃嗎？不會。

很多人覺得沒加牛奶的咖啡好像少了什麼；但如果加牛奶，我感覺好像多了些什麼。當然，你也可以加點牛奶和糖，調和成你想要喝的飲品，大口大口喝，非常痛快。但你是要當「飲料」？還是「品味咖啡」？這是兩個不同的概念，代表兩種不同的消費族群。如果要細喝出風味，試著分辨這咖啡的好壞，不加糖和牛奶比較容易，因為牛奶會製造出另一種風味，掩蓋原味，對品嘗是一種阻礙。

所以我的咖啡館桌上沒有牛奶和糖，我希望客人可以喝到咖啡從採收、乾燥、烘焙到製作過程的「原味」。

Q3：大家都說要喝「健康咖啡」。到底什麼才是健康咖啡？我們在外面喝咖啡要如何選擇？

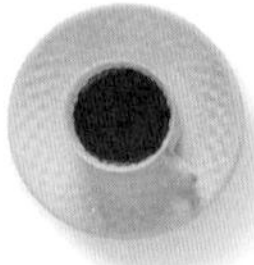

烘豆大師告訴你

所謂的「健康咖啡」，應該是指安全的種植、當季的新鮮好豆、瑕疵豆比例合乎標準（沒有是最好）、適切的烘焙、合宜的萃取……擁有這些條件的咖啡吧！

其實，大部分的消費者不會挑到生豆，好的壞的也分不太清楚，能看到的只有烘焙後的狀態。所以我認為，找到一家專心、用心的咖啡館，這是最快的方式吧！

以我的店來說，沒有提供龐雜的選擇，但維持精選十多款好喝、有特色的豆子，保持「生豆當季清、熟豆當週新」的堅持。

Q4：精品咖啡怎麼是酸的？

烘豆大師告訴你

半數的客人要求喝不酸的咖啡，因為怕酸。

其實咖啡是果實裡的種子，有酸甜感是正常的，不過，當然也不是愈酸愈好。酸的感受有兩種。

一種叫sour，就像醋一樣，一般人喝了會起雞皮疙瘩。這種酸帶刺激性，出現在舌心，也會感到喉嚨裡面刺激難耐，令人不舒服。這是較不細緻的酸，一般人不愛這種尖銳的酸度。

我們通常用另一種詞來形容好的酸：acidity。這種酸只出現在舌尖前一寸，入口後不會有刺激感，輕滑細膩不會殘留在嘴裡，像果汁的酸，一口喝下去，這酸馬上往舌頭兩邊滑開，兩頰生津，較檸檬等酸更為清新、明亮，花果香會在鼻尖環繞。通常產自高海拔、高密度的咖啡豆具備這種特性，讓你的味蕾很舒服，喝完之後，口中不是酸，而是留下甜味在嘴裡來回的轉動。這種咖啡就是好咖啡，所以我會希望大家去欣賞「酸」。

而除了「酸」之外，在品嘗咖啡時，也要懂得分辨它的苦、甜、香。

好苦

台灣人普遍的觀念是再苦都可以接受，就是不要酸，但咖啡的「苦」對我而言卻是某種程度的「瑕疵」。

咖啡本身的苦度不高，苦味來自烘焙，通常是焦了才苦；深焙不是不好，但炭燒咖啡是用炭火去燒咖啡，跟把咖啡煮成炭不同。也有人喜歡喝咖啡的苦味，但就像烤焦的麵包不該吃一樣，為什麼要把烤焦的咖啡豆喝進肚子裡？

記得，「表情很重要」，一旦咖啡有異味，大概可從喝者的臉部表情略知一二，閃也閃不掉。

有些店家會把咖啡豆「烤焦」說成咖啡「香濃」，真是如此嗎？

喝咖啡要喝得健康，才是真享受，所以先辨別咖啡有沒有焦苦——焦苦的咖啡絕對是不好的，再去聞聞看、嚐嚐看咖啡有沒有泥土味、熟爛的果味，甚至霉味、消毒水味……如果有，千萬別喝。浪費一杯咖啡，總比糟蹋身體好，對吧？

好甜

早期的咖啡品質不一，讓人滿是擔心，喝咖啡一定要加糖中和焦苦，就像騙小孩吃藥給糖吃一樣。時至今日，一杯很好的咖啡，不用加糖就可以喝出甜味，因為咖啡果本身就能擁有甜度和許多風味。

所以好的咖啡要有酸甜感，如果加牛奶，本身有乳糖也會帶甜感。而好咖啡如果沒有焦味，很容易嚐到自然的甜味。

好香

咖啡的香氣多半來自於脂質和蛋白質，不同的烘焙影響滿大的，百家爭鳴的咖啡烘焙法，當然也會產生不同的香氣。

和許多飲品不同的是，咖啡需要經過萃煮才可以品味，萃煮的過程也讓咖啡充滿不一樣的變化，香氣更是讓人難以完全控制，這也是早期咖啡老手利用經驗解決問題的原因。

近年咖啡學理的普及，更讓咖啡風味的掌握成為有科學系統的學習方式，讓咖啡手變得更能掌握，但唯一不變的是，霉味、布袋味、泥味、倉味、油耗味，一定不是好的香味！

Q5：愛好咖啡的新手，面對琳瑯滿目的莊園豆子，就像面對法國紅酒一般複雜，該如何選擇呢？

烘豆大師告訴你

要弄懂一個學問其實並不簡單，尤其是新手入門時，好多的資訊雖然提供了參考的依據，但也增加了新手選豆的困難度。

簡單來說，咖啡莊園和紅酒的莊園有很大的不同。紅酒莊園做自己的酒，而咖啡的產量有時大到需要「處理場」來處理咖啡豆，甚至用咖啡合作社的資源來處理產區的咖啡，只有屢屢得獎的莊園才能在國際上以其名號銷售，甚或當成競標咖啡，當然價格也相對不同凡響。

但有時候沒有比賽的豆子也未嘗不好喝，常常遇見名不見經傳的咖啡，在杯測會中打敗知名莊園，一下脫穎而出，這就是我說的「獵物」，價格不是最高，但品質最好！找一個懂咖啡的朋友、店家、烘豆師，請他幫你挑豆子，介紹合宜你的咖啡給你，千萬別有莊園品牌迷思。

我常說：「咖啡用說的都不算，好喝才算數！」

美好風味決定豆子的好品質

仁者樂山，智者樂水，深焙咖啡濃郁醇厚，淺焙咖啡香甜有特色，不一定要選什麼烘焙度的豆子，端看消費者喜歡。那麼，到底該如何挑選豆子呢？

我把這樣的想法定位在「品質好」的咖啡上，也就是我們用挑水果的角度來選就對了！沒錯，風味可以幫我們找出好品質的豆子。

1.如果可以的話，一定先要喝一杯烘焙師的作品，再決定要帶哪一種咖啡回家；倘若喝到好咖啡，酸得細緻，入口帶出甜即散開，甜得綿纏，香氣在口中迴繞，香得自然，別有人工香料的擾味，更別有焦味、糊味，後韻悠長最是讓人難忘，這可以簡單地說是款好咖啡。

2.假若無法喝到咖啡，可以請老闆拿同樣的咖啡豆，讓我們聞聞味道，若有焦味、油耗、泥土、冰箱味……就別挑這款豆子了。反之，深焙的濃香，淺焙蜜香甜，還有果香、堅果香……就挑它吧！

烘焙決定了豆子的整體風格

咖啡裡，酸的感受由有機酸帶來，部分苦的感受由蛋白質經烘焙產生。那麼，愛苦味的人該選哪一支咖啡，愛酸的人又可以選哪支呢？

先問你一個問題：「你有煮過酸辣湯嗎？如果要加酸醋，你會在煮前加，還是起鍋前加？」有經驗的人都會回答，起鍋前再加，醋的鮮香較明亮。

咖啡也一樣，簡單地說，酸味也會隨著加熱的程度而遞減——淺焙的酸多，深焙的酸較少。

苦味正好相反，焦糖化的結果讓甜度轉成甜香，而屆時部分的蛋白質也會帶出苦的感受——淺焙的苦少，深焙的苦較多。

產區決定豆子的特色風味，而烘焙決定豆子的整體風格，所以要挑到自己喜歡的咖啡，不單要挑產區，還要挑烘焙度喔！

Q6：如何保存咖啡豆？

烘豆大師告訴你

1.豆子帶回家後放在袋內（未開封），置於常溫不見光的地方即可。

2.打開包裝以後，把豆子放入密封罐，完全隔絕氣體進入。

3.豆子如果要長時間（三個月以上）存放，建議單杯份放入小小玻璃瓶中密封，再放入冰箱，每一次拿一瓶，放至常溫再研磨。

在這裡特別提醒你，在家沖煮出好喝咖啡的簡單祕訣，只要使用可調粗細的磨豆機，磨完豆子在十五分鐘之內萃煮完成，你的咖啡一定大大加分！

Q7：咖啡有赭麴毒素，會敗腎傷肝，你喝得出來嗎？

烘豆大師告訴你

老實說，我喝不出來。

在此我也要反問你：「焦苦味、霉味、土味還是咖啡味，你分辨得出來嗎？」

如果你可以分辨，便能避免吃進毒素。

咖啡在處理的過程中，不論水洗、自然乾燥或者溼剝，當水分高於百分之十七，黴菌便開始繁殖。黴菌一定要有水和空氣才能生長，而台灣位處高溫多溼的亞熱帶，一旦倉存環境不良，或是生豆賣不出去，時間拉太長，特別容易滋生黴菌。食物或穀物輕微發霉時，光用肉眼難以辨識，唯有吃進嘴裡才明白其中滋味。

赭麴毒素是由黴菌所產生的代謝產物，與黃麴毒素類似，是黴菌毒素。赭麴毒性會產生的環境是有百分之八十水活性大於二，溫度接近三十七度C，有A、B、C三型，其中A型毒性最強，是黴菌的衍生物。

國際咖啡組織（International Coffee Organization, ICO）訂定咖啡熟豆的赭麴毒素A，可容許含量約為五．五ppb；經二百至二二〇度C高溫烘烤，其中有百分之七十以上的赭麴毒素A會被完全分解破壞，或形成不具毒性的物質。

重點是，咖啡的黴菌雖然大部分被烘焙處理掉了，但不代表沒有喔！

只要溼度不太高，烘焙坊的環境便不太容易讓黴菌成長，除非磨成粉。所以一定要用密封罐把咖啡豆裝起來，並且及早喝完，非必要也別放在冰箱裡，萬一沒有密封好而吸收冰箱的溼氣也很麻煩。

或者，為了購買安全的咖啡豆，也可以請店家出示證明。

（相關資料由紹常平老師提供）

Q8：「好咖啡」跟「好喝的咖啡」有什麼差別？

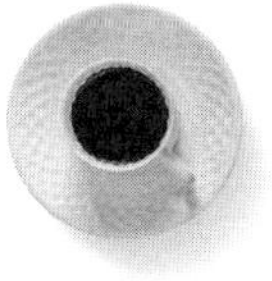

烘豆大師告訴你

我覺得咖啡「好喝」或「不好喝」是主觀的，有可能這豆子不好，但有人就覺得很好喝，「好喝」或「不好喝」的那條線是自己劃上去的。

不過，咖啡的「好」或「不好」則是客觀的，它也有一條線，這條線有條件、有限制、有規範，通常是遵循美國精品咖啡協會的系統性標準做評斷。

例如「杯測」，拿起一支小湯匙盛上一小瓢咖啡液，靠近嘴邊，大力地吸一口，讓咖啡與空氣混合，使咖啡的味道散落在每一個味蕾，可以測出咖啡豆本身最原始的特性，藉此品鑑一杯咖啡。

其他的分辨方法

首先得排除價格，因為咖啡的好壞跟價錢沒有絕對的關係。

其次，好咖啡還有幾個特點，大致上可以這樣區分：有花香味是最高級，果實味是第二級，堅果味是第三級，樹葉和草的味道是第四級，木頭味是第五級，土味第六級。

我們會幫豆子做成像身分證的表格，一格一格詳細的記載，只要懂得就容易找到好咖啡。

在我的理想中，希望把「好喝的咖啡」跟「好咖啡」結合成同一條線，不用爭執這咖啡好或不好，因為大家都知道標準值。意即，你說「好喝的咖啡」正是我說的「好咖啡」，我希望你認同的好喝和我認為的好咖啡是重疊的。我目前正在做這種教育。

咖啡要怎麼喝？

我們用舌頭感覺味覺，用鼻子感覺嗅覺，用力吸一口把味道往鼻子送，這時咖啡好不好喝可以看眉頭——喝進去會皺眉的不是好咖啡；如果眉頭開展，感覺很放鬆、很舒服的，就是好咖啡。

有時候靠嗅覺可以馬上聞出來。例如豆子本身有百分之十三的成分是油，跟空氣接觸很容易變質，咖啡豆有沒有油味，這是嗅覺聞得出來的部分。

味覺只有五種，酸、甜、苦、鹹、鮮，但嗅覺卻可以分辨上千種味道。我們對食物的感受大部分來自嗅覺，例如小孩吃藥會覺得苦，是因為鼻子先聞到藥的味道。但如果把鼻子捏住，會比較不苦嗎？不是，苦是一樣的，只是為了降低藥味所做的動作。

在《香水》這部電影中，主角貪戀某些味道會抓來聞，我也一樣。我很喜歡聞味道，這方面，我覺得我的自我訓練是足夠的，所以才說嗅覺不能開發，但可以訓練。

你若問我要怎麼訓練，我會告訴你：

「其實你只要愛、有想法、有渴望，就會去追求……」

把這貪戀應用在咖啡上，就成了像我這樣一個，對咖啡迷戀癡狂的人。

Q9：咖啡對你來說是什麼？

烘豆大師告訴你

咖啡是我的生活，圍繞在我四周。

我在咖啡豆烘焙圈內找到自己獨特的市場，供給三十多家店面使用。我每天跟他們溝通怎樣出咖啡豆，怎麼滿足客人，天天工作超過十六個小時。我常烘豆到凌晨，緊接著在早上八點到店裡，睡眠時間很短，但我喜歡這種積極緊湊的生活步調。我覺得能夠做自己想做的事並有能力把它做好，是一種幸福。

有一句話說：「咖啡是生活裡最偉大的恩賜。」（Coffee is truly a great pleasure of life.）對我來說，的確如此。

Q10：你希望別人怎麼記住你？

烘豆大師告訴你

這個問題，也是我覺得最有意思的問題。

在回答之前，我先講一件往事。

有一天我忙裡偷閒，和室內設計師文鴻到駁二特區看漢斯・韋格納（Hans J. Wegner）的展。這位大師是丹麥的國寶級家具師，更是全球設計界的指標人物，由於投注畢生精力於椅子設計，因此贏得世界對他的敬佩。他的作品曾獲「世界最美的椅子」的讚譽，而且啟發了無數設計大師的創作靈感。

受到韋格納的影響，有一天在我店裡，文鴻打木座，我學著拉座線，接著他用紙籐，我用麻繩，兩人編起Y字椅的座墊。這是精細的工藝，用的力道稍微軟了點就差好多。

「你看吧！一點點的錯，馬上看出瑕疵，根本無法成就一件藝術品。」

韋格納一輩子都在做「椅子」。他曾說：「一生能設計出一張好椅子就夠了。」這句話對我有所啟發。

在我談及自己對咖啡的熱愛時，曾說：「我一輩子只想做一件事情，傾盡所能，做到盡善盡美就夠了。」

當那一天到來時，我希望人們也能記得，我是個「一生為咖啡孤注一擲的人」。

【新書簽講會】

賴昱權Jacky
《當命運要我成為狼》

主講人：賴昱權（世界烘豆冠軍）

【台北場】

時間：5/7（四）下午14:00～16:00
地點：好,丘信義店
（台北市信義區松勤街54號，電話：02-27582609）

【台中場】

時間：5/11（一）下午14:00～16:00
地點：潮港城 Café Lounge
（台中市南屯區環中路四段2號，電話：04-23898396）

【高雄場】

時間：5/17（日）晚上19:00
地點：Café 自然醒
（高雄市苓雅區中山二路463號，電話：07-5366067）

【新北市圖・新莊聯合分館】

時間：7/11（六）下午14:00～17:00
地點：新北市立圖書館新莊聯合分館・2樓大禮堂
（新北市新莊區自由街1號3-5樓，電話：02-89924732）

洽詢電話：**寶瓶文化 02-27494988**

＊免費入場，座位有限

國家圖書館預行編目資料

當命運要我成為狼／賴昱權著. ——初版. ——
臺北市：寶瓶文化, 2015. 04
面； 公分. ——（Vision；123）
ISBN 978-986-406-010-8（平裝）

1. 賴昱權 2. 臺灣傳記 3. 創業

783. 3886 104006324

Vision 123

當命運要我成為狼

作者／賴昱權
撰文／陳芸英

發行人／張寶琴
社長兼總編輯／朱亞君
主編／張純玲・簡伊玲
編輯／丁慧瑋・賴逸娟
美術主編／林慧雯
校對／丁慧瑋・陳佩伶・劉素芬
企劃副理／蘇靜玲
業務經理／李婉婷
財務主任／歐素琪 業務專員／林裕翔
出版者／寶瓶文化事業股份有限公司
地址／台北市110信義區基隆路一段180號8樓
電話／(02)27494988 傳真／(02)27495072
郵政劃撥／19446403 寶瓶文化事業股份有限公司
印刷廠／世和印製企業有限公司
總經銷／大和書報圖書股份有限公司 電話／(02)89902588
地址／新北市五股工業區五工五路2號 傳真／(02)22997900
E-mail／aquarius@udngroup.com

著作完成日期／二〇一五年二月
初版一刷日期／二〇一五年四月二十三日
初版三刷+日期／二〇一五年五月十三日
ISBN／978-986-406-010-8
定價／350元

AQUARIUS 寶瓶 文化事業

愛書人卡

感謝您熱心的為我們填寫，
對您的意見，我們會認真的加以參考，
希望寶瓶文化推出的每一本書，都能得到您的肯定與永遠的支持。

系列：Vision 123　**書名：當命運要我成為狼**

1. 姓名：＿＿＿＿＿＿＿＿　性別：□男　□女

2. 生日：＿＿年＿＿月＿＿日

3. 教育程度：□大學以上　□大學　□專科　□高中、高職　□高中職以下

4. 職業：＿＿＿＿＿＿＿

5. 聯絡地址：＿＿＿＿＿＿＿＿＿＿＿＿＿＿＿＿＿＿＿＿
   聯絡電話：＿＿＿＿＿＿＿＿　手機：＿＿＿＿＿＿＿＿

6. E-mail信箱：＿＿＿＿＿＿＿＿＿＿＿＿＿＿＿
   □同意　□不同意　免費獲得寶瓶文化叢書訊息

7. 購買日期：＿＿ 年 ＿＿ 月 ＿＿日

8. 您得知本書的管道：□報紙／雜誌　□電視／電台　□親友介紹　□逛書店　□網路
   □傳單／海報　□廣告　□其他

9. 您在哪裡買到本書：□書店，店名＿＿＿＿＿　□劃撥　□現場活動　□贈書
   □網路購書，網站名稱：＿＿＿＿＿＿　□其他＿＿＿＿＿

10. 對本書的建議：（請填代號　1. 滿意　2. 尚可　3. 再改進，請提供意見）
    內容：＿＿＿＿＿＿＿＿＿＿＿＿
    封面：＿＿＿＿＿＿＿＿＿＿＿＿
    編排：＿＿＿＿＿＿＿＿＿＿＿＿
    其他：＿＿＿＿＿＿＿＿＿＿＿＿
    綜合意見：＿＿＿＿＿＿＿＿＿＿＿＿＿＿＿＿＿＿＿＿＿＿＿＿

11. 希望我們未來出版哪一類的書籍：＿＿＿＿＿＿＿＿＿＿＿＿＿＿＿

讓文字與書寫的聲音大鳴大放

寶瓶文化事業股份有限公司

（請沿此虛線剪下）

廣 告 回 函
北區郵政管理局登記
證北台字15345號
免貼郵票

寶瓶文化事業股份有限公司 收

110台北市信義區基隆路一段180號8樓

8F,180 KEELUNG RD.,SEC.1,

TAIPEI.(110)TAIWAN R.O.C.

（請沿虛線對折後寄回，或傳真至02-27495072。謝謝）